Der direkte Weg

Freiheit für die Seele

Der 13. Schlüssel

Das Geschenk der Freiheit an alle Menschen

1. Auflage März 2005

ISBN 3-00-015552-X

Printed in Germany

Verfasserin: Maria Magdalena

Herausgeberin: R. Schmid

Covergestaltung und Beratung für digitale Bearbeitung:
r-system. / info@r-system.de

Info und Vertrieb der Gesamtwerke von Sejabri über
Runja Rei: info@runja-rei.de

Der 13. Schlüssel

Das Geschenk der Freiheit an alle Menschen

von

Maria Magdalena & Jesus Christus

Auf dass mein Herz und die Liebe sich verbinden
und der Zorn und der Hass aus meinem Leben verschwinden,
so dass ich den Weg ins Licht wieder finde,
damit ich mich mit diesem Licht der Liebe für ewig verbinde,
für immer und ewig soll es so sein,
für immer und ewig ist die Liebe mein.

Sejabri

Inhaltsverzeichnis

„ Vorwort von Renate Schmid „

Ich begrüße hiermit alle Leser dieses Buches aufs herzlichste. Es hat mir viel Freude gemacht, dieses wertvolle Geschenk veröffentlichen und somit an jeden einzelnen von euch weitergeben zu dürfen. Ich habe diese Aufgabe angenommen aus tiefster Überzeugung heraus, genau das Richtige hinsichtlich „Gemeinschaft und gegenseitiger Unterstützung" zu tun.

Neben den Erwachsenen sind besonders die Jugendlichen hier angesprochen, weil viele von ihnen sich bereits verirrt haben im undurchdringlichen Dschungel dieser Welt, die sosehr von äußeren Eindrücken geprägt ist. Wir leben in einer unruhigen Zeit, viele von uns sind verunsichert. Schreckensnachrichten aus aller Welt erreichen uns fast täglich. Wir fragen uns, wie es wohl weitergehen wird hier auf der Erde. Aber gerade jetzt ist es von immenser Wichtigkeit, dass wir uns alle daran erinnern, dass ein jeder von uns verantwortlich ist! Wenn ihr dieses Buch aufmerksam gelesen habt, werdet ihr niemals mehr sagen können, dass euch dieses nicht bewusst war.

So ist dieses Buch, das ihr hier in euren Händen haltet, ein überaus kostbares Gut. Ihr werdet es fühlen und ihr werdet es am liebsten immer bei euch tragen wollen. Es erfüllt euch mit lebendiger Freude, es gibt euch Trost und die Gewissheit, dass ihr nicht verloren seid, wenn ihr euch auf die Botschaften vollkommen einlasst.

Es mag sein, dass der Inhalt so manchen von euch befremden, entrüsten oder gar erschrecken wird. Denkt daran: Jeder kann glauben was er für richtig hält! In jedem Fall werdet ihr hier einen ganz anderen Menschen „Jesus" kennen lernen, als er euch bislang bekannt war. Seine Worte fließen direkt in eure Herzen, wenn ihr diese annehmt und daran glaubt. Ihr habt den freien Willen. Ihr könnt es annehmen, ihr könnt es glauben oder nicht.

Jesus Christus spricht direkt und unmittelbar zu euch! Seine Worte sind exakt so wiedergegeben, wie er es persönlich ausgesprochen hat. Kein Wort und kein Satz wurde verändert, es ist wie eine persönliche Rede an euch Menschen der jetzigen Zeit zu verstehen. Das war sein ausdrücklicher Wunsch, um euch nahe sein zu können.

Jedes Wort hat seine Bedeutung und deshalb lest alles sehr genau, seid nicht oberflächlich sondern benutzt diese Schrift als begleitende aktive Lebenshilfe für euren Weg!

Nutzt eure Zeit weise und freut euch über das Abenteuer Leben. Vergesst niemals: „Euer Gedankengut sei frei, somit auch euer Glaube!"

Ich freue mich ebenfalls sehr, dass ich diesem Gesamtwerk die wertvollen Transformationsbilder- u. Gedichte des großartigen Künstlers Sejabri hinzufügen durfte.

Seine spirituellen tiefgehenden Kunstwerke sind eine Bereicherung für uns alle, und sie fördern in ungemein erhebender Weise die Erinnerung der Seele an ihren wahren geistigen Ursprung! Danke!

Renate Schmid

"Maria Magdalena
über ihr Leben mit Jesus"

Ich war die "Frau" an der Seite von Joshua ben Joseph, den ihr Jesus von Nazareth nennt, seine geliebte Gefährtin, seine Ehefrau. Wir hatten zwei Kinder. So ist es also unwahr, wenn behauptet wurde, Jesus hätte alleine gelebt. Ich habe ihn auf seinem damaligen Lebensweg begleitet; ich war seine engste Vertraute. Er hat all sein geistiges Wissen mit mir geteilt und es ist meine Aufgabe, seine direkte Botschaft an euch Menschen der jetzigen Zeit weiterzugeben. So erfülle ich das Versprechen, das ich ihm gab. Vorab möchte ich euch einen kleinen Einblick in unser Leben und die damit verbundenen Lebensumstände geben.

Jesus war ein ganz besonderer Mensch, ein Visionär, der seiner Zeit weit voraus war. Er lebte seine extreme Persönlichkeit offen aus, in allem was er tat. Er stand stets zu seiner Wahrheit, auch wenn diese sehr unbequem für viele war und drückte diese auch klar und deutlich aus. Für ihn spielte es keine Rolle, wer vor ihm stand. Klassenunterschiede gab es für ihn nicht. Er sprach mit Inbrunst und Tiefe aus, was er zu sagen hatte. Er wollte mitten unter den Menschen sein, suchte immer den direkten Kontakt und scheute keine Konfrontation.

Er war sanftmütig und doch sehr willensstark. Seine Gefühle drückte er stets spontan aus und er behielt nichts für sich, was ihn bewegte. Dies war seine Stärke, aber diese wurde ihm in seinem menschlichen Dasein auch zum Verhängnis. Die Wahrheit ging ihm über alles. Er blieb sich treu. Das war seine absolute Andersartigkeit hingegen der damaligen in bestimmten Gesellschaftsschichten weit verbreiteten Handhabung der Heuchelei untereinander. Je besser jemand mit dem Jonglieren von Worten war, umso mehr persönlichen Erfolg hatte er zu verzeichnen, was seine Stellung innerhalb der Gesellschaft anbetraf. Es ging immer schon um die Macht. Wer diese besaß, dominierte über die anderen und über die wahren Absichten wurde hinweggetäuscht. Aber ist es heute nicht immer noch so? Menschen beurteilen sich immer noch zu oft nach der äußeren Erscheinungsform und ihrer Darstellung nach außen. Wer in das gängige Klischee der Gesellschaftsnorm nicht hineinpasst, wird abgeurteilt. So ist es mir als Maria Magdalena ergangen und auch in meiner jetzigen Verkörperung habe ich dieselben negativen Erfahrungen erneut erlebt.

Jesus liebte mich auf eine ganz besondere Art und Weise und doch musste ich seine Liebe gleichzeitig mit vielen Menschen teilen. Anfangs erschien mir dies erträglich, zumal ich ja als Frau der damaligen Zeit es gewöhnt war, im Hintergrund zu stehen. Doch als ich erkannte, wie er benutzt wurde für die eigennützigen Interessen bestimmter Gruppen, begann ich dagegen zu rebellieren. Ich versuchte ihn zu bewegen, sich mehr Zeit für unsere persönliche Liebe und unser gemeinsames Leben zu nehmen. Doch er konzentrierte seine gesamten Energien – bis auf wenige glückliche Momente der Zweisamkeit – auf die Erreichung seines persönlichen Lebenszieles.

Er wollte den Menschen den wahren Glauben an Gott wieder nahe bringen. Er wollte die vorherrschende Glaubensform reformieren. Er sagte immer wieder: „Ich muss meinen Mitmenschen die Augen und die Ohren öffnen. Sie sehen und sie hören nicht!" Mit aller Kraft setzte er sich immer wieder für die Gleichstellung aller Menschen ein. Er sprach offen aus: „Vor Gott sind alle Menschen gleich, er macht keine Unterschiede und er kennt auch keine Höherstellung von einzelnen, die meinen, es stünde ihnen zu, weil sie eine gewisse Machtposition innerhalb der Gesellschaft inne haben".

Er ist immer respektvoll und liebevoll mit mir umgegangen, so auch mit den anderen Menschen. Für ihn stand eine Frau auf derselben Stufe wie ein Mann. Auch hier war er seiner Zeit weit voraus. Er stand ein für die absolute Gleichberechtigung und doch war ihm bewusst, dass dieses Verlangen nicht leicht zu erfüllen war, stand diesem Wunsch doch die gesellschaftliche Form des vorherrschenden Patriarchats feindlich gegenüber.

Ich selbst entwickelte immer mehr Verständnis für seine Art zu leben und ich unterstützte ihn immer mehr und doch musste ich mich der damaligen Gesellschaftsform hinsichtlich der Stellung einer Frau in der Öffentlichkeit beugen. Meine wahre Persönlichkeit wurde unterdrückt, und ich war für viele ein Dorn im Auge und wurde oft angefeindet. Doch ich blieb an seiner Seite, weil es meine Lebensaufgabe war und weil wir uns liebten und uns gegenseitig Halt und Kraft gaben. So akzeptierte ich es dann auch, dass er sich für ein Leben in der

Öffentlichkeit entschieden hatte. Doch je populärer er wurde, wuchs auch die Gefahr durch viele Neider und missgünstig gesonnene Autoritätspersonen, die durch sein Wirken um ihre Stellung fürchteten. Ich habe ebenso wie er vorausgesehen, was auf ihn zukommen würde. Zwischenzeitlich war ich auch für viele männliche Anhänger ein unbequemes Übel geworden, weil ich das volle Vertrauen von Jesus besaß und er dieses auch in der Öffentlichkeit offen demonstrierte. Doch meine Warnungen fegte er hinweg, indem er sagte: „Ich laufe vor meinem Schicksal, vor meiner Seelenaufgabe nicht weg. Ich werde immer zu meinem Wort stehen". Er stellte auch unmissverständlich klar, dass er bei allem, was er tat, stets die freie Wahl hatte. So nahm das Schicksal seinen Lauf, weil er sich selbst treu geblieben ist. Er hat sich nicht vor den Karren jener spannen lassen, die das Volk wiederum verraten wollten.

Nach seiner Verhaftung blieb ich entgegen seines ausdrücklichen Wunsches weiter in seiner Nähe, so gut es ging. Auch der grausamen Prozedur der Kreuzigung habe ich zusammen mit den wenigen Menschen, die ihn wahrhaftig geliebt haben, beigewohnt. Ich konnte ihn doch nicht allein lassen, auch wenn es mir das Herz auseinander riss. So wurden wir gewaltsam getrennt. Das Leben hatte für mich danach nahezu seinen Sinn verloren, denn er war von dort an nicht mehr körperlich an meiner Seite. Unsere Lebenswege haben sich getrennt. Tiefe Trauer, aber auch Zorn hielten in meiner Seele Einzug. Ich habe mich ganz in mich zurückgezogen und habe mein Herz verbittert verschlossen. Meine Familie und ich waren nach dieser Trennung nicht mehr sicher und so haben wir mit wenigen Vertrauten das Land nahezu fluchtartig verlassen müssen.

Er hatte mir schon lange vorher alle seine Gedanken und sein Wissen anvertraut, ebenso seine Ängste und Sorgen. Wir hatten uns ein gemeinsames Aufklärungsprogramm erarbeitet, das nach außen gebracht werden sollte. Doch da zuviel auf dem Spiel stand, wussten nur wenige Vertraute davon. Jesus hat mich vieles im geheimen gelehrt und so wusste ich, was zu tun war. Ich gründete mit der Zeit in meiner neuen Heimat Glaubensgemeinschaften im Sinne von diesem Programm und ich gab unser Wissen weiter. Allerdings ging vieles wieder verloren und verschwand für immer.

Gottes Lehre, der wir gefolgt sind, ist einfach. Immer und immer wieder hat Jesus in seinen Reden zu seinen Mitmenschen darauf hingewiesen, indem er sagte: "Der einzig wahre Gott ist in euch!"

In späteren Zeiten wurde über mich größtenteils die Unwahrheit berichtet und ich wurde verleumdet. Meine wahre Identität wurde totgeschwiegen und für die Öffentlichkeit wurde ich sowohl als eine Hure als auch später als eine Heilige dargestellt. Beides war ich niemals! In den später verfassten Schriften hieß es vor allem, dass Jesus eine Sünderin namens Maria Magdalena von Krankheiten befreit und "gereinigt" habe. Danach wäre sie eine treue Jüngerin geworden, die mit den anderen Jüngern seinen Lebensweg begleitet hat. In einigen Schriften ist zu lesen, dass er ihr besonders herzlich zugetan war! So wurde über mich hauptsächlich "Nichtssagendes" berichtet. Über mein wahres Leben wurde in der Öffentlichkeit Stillschweigen bewahrt - bis auf wenige Ausnahmen.

Nun bin ich wiedergeboren in einem christlich geprägten Land, erneut als Frau. Dieses Leben hat mir alle Erinnerungen zurückgebracht. Aus meinen bitteren Erfahrungen, aus jenem Leben heraus als Maria Magdalena und aus denen der jetzigen Zeit, habe ich aus Enttäuschung und Zorn auf die Menschen mich lange Zeit geweigert, meine hohen geistigen Fähigkeiten wieder zum Wohle meiner Mitmenschen anzuwenden. Ich hielt sie unbewusst zurück. Es ist so, dass jeder, der sich erneut verkörpert, sich nicht mehr bewusst an vergangene Leben erinnern kann. So hielt ich den inneren Groll noch tief in mir verborgen ohne den Grund dafür zu wissen.

Am meisten bin ich über das eigensüchtige, lieblose Verhalten unter den Menschen und ihre Lieblosigkeit der gesamten Natur gegenüber tief enttäuscht. Ungerechtigkeit und unsoziales Verhalten, oftmals geradezu unterstützt von menschlich erschaffenen Gesetzen, triumphieren immer noch über die Liebe. Es hat sich nicht sehr viel verändert in dieser Hinsicht seit meinem Leben als Maria Magdalena.

Jesus, der tief mit mir verbunden ist, weil wir Seelenpartner sind, wusste um meine inneren Gefühle und wie ich nach diesem schrecklichen Moment unserer Trennung gelitten habe. Er hat mich wiedergefunden, nahm mich an die Hand und führte mich auf meinem Lebensweg immer ein Stückchen weiter zurück zu Gott und den Menschen. Aus eigener Kraft hätte ich dieses Hindernis niemals überwinden können. So fielen allmählich die Barrieren, die ich in mir aufgerichtet hatte gegen meine Erinnerungen an meine wahre Persönlichkeit und an meine jetzige Lebensaufgabe, die damit verknüpft war. Er verwandelte meine Schwächen wieder in Stärken, er machte mir Mut, trocknete meine Tränen und gab mir immer mehr das Selbstbewusstsein einer starken Frau zurück. Durch seine Liebe habe ich wieder zu meiner Fröhlichkeit und Herzlichkeit zurückgefunden. Meine angeborene Spiritualität wurde durch diese direkte Hilfe im Laufe der Jahre so hoch entwickelt, dass ich in der Lage war, meinen Mitmenschen mit dieser grenzenlosen Heilungskraft des göttlichen Geistes helfen zu dürfen. Dazu muss man wissen, einmal erlebte und ausgeprägte Fähigkeiten stehen uns auch in den nächsten Inkarnationen wieder zur Verfügung. Die Frage ist nur, ob wir vormals missbräuchlich benutzte Potentiale verstecken oder erneut anwenden, um darauf aufzubauen.

Reinkarnation bedeutet das übergeordnete Prinzip des ewigen Lebens. Nur von dieser Warte aus betrachtet, ergibt alles einen Sinn. Das Leben erklärt sich so von alleine. Alles erneuert sich ständig, so auch die Seele. Es ist aber nicht unbedingt notwendig, dass die Seele sich immer wieder aufs Neue verkörpern muss, um auf Erden zu wandeln. Nein, es ist vielmehr so: Wenn die vollkommene Einheit der Seele wiedererlangt ist, muss sie nicht mehr kommen. Sie kann sich dann anderen Aufgaben in anderen Bereichen zuwenden. Doch solange sie, wenn sie verkörpert ist, wider ihrer göttlichen Natur und ihren geistigen Aufgaben lebt und vergisst, ist sie nicht vollkommen. Dann darf sie, solange das noch möglich ist, zurückkehren, um wieder gutzumachen und aufzulösen. Da steckt kein Zwang dahinter, alles geschieht freiwillig. Viele Menschen glauben noch, dass sie sterben und solange tot sind, bis der Ruf der Wiederauferstehung ertönt und sie dann gerichtet werden nach ihren Taten. Glaubt das nicht mehr, denn es ist unwahr! Wahr ist, dass die Wiederauferstehung und das Jüngste Gericht genau hier und jetzt stattfinden. Deshalb seid stets wachsam und darum bemüht, alles an Ort und Stelle zu erledigen, was euch als Aufgabe entgegenkommt.

Wenn ihr sterbt, entweicht der Seelenkörper, der den irdischen Leib umhüllt und eins mit ihm war, mit allen Informationen, die eure einmalige Identität ausmachte und nimmt sie mit in das Reich des Geistes. Dort wird mit euren geistigen Helfern alles aufbereitet und dann wird gemeinsam beschlossen, wie ihr weiter vorgehen werdet und ob ihr euch erneut als Mensch verkörpern wollt. Wo ihr dann erneut leben wollt, ist eure eigene Entscheidung. Deshalb ist es auch völlig unsinnig, wenn ihr euch nach Nationalitäten beurteilt, denn ihr werdet eure Erfahrungen nicht immer im selben Land machen!

Ihr trefft euch alle wieder und das war immer schon so. Bestimmte Seelengruppen verkörpern sich oftmals gemeinsam als eine Sippe. Einzelne Seelen, die zuvor miteinander gelebt haben oder einfach eine Beziehung zueinander hatten, treffen sich wieder, um an dem Lebensthema weiterzuarbeiten, was vormals nicht bewältigt wurde.

Deshalb könnt ihr jemanden, der gestorben ist und ihr um ihn trauert, nicht wirklich verlieren. Dieser Mensch ist dann nicht mehr sichtbar neben euch, aber er ist es dennoch geistig. Deshalb jammert nicht, sondern versucht ihn zu fühlen, redet mit ihm und lasst ihn dann in Liebe vollständig los. Ihr seht euch wieder, nichts geht verloren, was von und mit Gott ist. Nur wenn ihr euch selbst gewaltsam aus seinen Armen losreißt, besteht die Gefahr, dass ihr euch somit selbst entfernt. Deshalb kümmert euch, wenn ihr hier seid, um alles andere Leben, das euch begegnet. Gebt euch gegenseitig Halt, klärt euch auf, gebt Wissen weiter, ohne einander zu belehren.

Lest nun die direkten, getreu wiedergegebenen Worte von Jesus Christus, der euch weitere Aufklärung geben will, damit ihr lernt zu verstehen. Seht sie als eine persönliche Rede an, so ist er ganz nahe bei euch.

„ Zeilen der Wahrheit „

Das was ihr unter Liebe versteht, hat viele Gesichter und viele Formen. Aber der Grund, warum ich hier zu euch spreche, ist, dass ich diese eine Form, die es mir ermöglicht hat zu überleben, hier an euch weitergeben will. Auch ihr sollt überleben und auch ihr sollt frei sein. So glaubt nicht, dass es ohne Mühe gehen wird oder dass ihr es im Schlafe erlangen könnt. Es ist der steinige Weg, der zum Tor der Wunder führen wird. Nun ist das Wort „Wunder" etwas, was ihr glaubt von mir zu kennen. Ihr glaubt, ich hätte viele Wunder vollbracht, die einem anderen Menschen unmöglich gewesen wären. Nun, sicherlich, habe ich schwere Last auf meinen Schultern getragen, als ich auf dem steinigen Weg gegangen bin. Ich habe die Last nicht abgeworfen oder habe sie einem anderen auferlegt. Ich habe sie mitgenommen zum Tor der Wunder. Dort angekommen durfte ich die Last ablegen, denn beim passieren dieses Tores, geschieht das, was ihr Wunder nennt. Die Last wurde umgewandelt in eine Tugend. Ich habe mich gestellt und ich habe zu dem gestanden, was ich mir vorgegeben habe. So geht es hier nicht darum, euch zu erschrecken oder zu verunsichern, was eure Meinung über meine Person anbetrifft. Doch es ist erforderlich geworden, dass ich das richtig stelle, was ihr über mich zu wissen glaubt. Stellt euch vor, über euch würde eine Darstellung nach außen existieren, die nicht der Wahrheit entspricht oder die euch nur halbseitig gerecht wird? Wärt ihr zufrieden damit? Sicherlich nicht! So bin auch ich nicht damit einverstanden. Es ist so, dass die Darstellung meiner Person irreführend für diejenigen von euch ist, die fest daran glauben und die sich nicht einmal vorstellen wollen, das es ganz anders sein könnte. Aber sie tun es aus Furcht oder einfach aus Uneinsichtigkeit heraus. Sie wollen nichts ändern, sie wollen es sich noch nicht einmal vorstellen. Sie sind es immer noch, die verurteilen und es sind die, zu denen ich einst gesagt habe: „Wer ohne Sünde ist, werfe den ersten Stein!"

Doch für euch, die ihr einsichtig seid, sage ich hier, es ist mir sehr wichtig, hier auf meine persönliche Liebe einzugehen. Wie kann ich es zulassen, dass meine geliebte Frau immer noch als nicht existierend behandelt wird. So will ich es hier ganz deutlich sagen: „Maria Magdalena war meine geliebte Frau." Wer diese Tatsache nicht akzeptieren will, ist auch nicht bei mir. Er verehrt dann nicht mich selbst, sondern ein leeres Abbild von mir, das ohne Leben ist. Sie hat mich inspiriert, hat Gottes Wort mit mir geteilt. Sie hat mich begleitet und war meine treue Gefährtin und sie ist es immer noch. Wahre Liebe überdauert die Ewigkeit! Frau und Mann sollten miteinander gehen und nicht gegeneinander stehen. So erinnert euch an diese wahren Werte und haltet ein, in Verachtung miteinander umzugehen.

Ich habe sie beauftragt, meine Botschaft, das Geschenk der Freiheit, an euch zu überbringen. Seht sie als meine Vorbotin an, denn die Zeit ist noch nicht gekommen, da ich von Angesicht zu Angesicht persönlich mit euch sprechen werde. Wärt ihr mir nicht wichtig, hätte ich euch vergessen und würde nicht erneut zu euch sprechen wollen.

Mein Leben widme ich dem Dienst an den Menschen, zu Ehren meines Vaters, dem Schöpfer aller Welten. Ich bin die Liebe, die herab steigt, um sie unter die Menschen zu bringen. Ich berühre sie, damit sie sich erinnern und ihr Herz wieder öffnen, damit das Licht leuchten kann, das sie mit ihrem Ursprung verbindet.

Viel Zeit ist vergangen, seit ich euch das letzte Mal in die Augen sah, als ich ganz nahe bei euch war, um euch zu berühren, um mitten unter euch zu sein. So sage ich euch jetzt: Wartet nicht, bis ich auf Wolken vom Himmel herabkomme, um zu richten, nein, ich bin längst schon wieder mitten unter euch, um dabei mitzuhelfen, dass die Aufklärung endlich ihren Sieg erringen kann, und euch so die lang ersehnte wahre Freiheit bringen wird! Ich bin unter euch, um Zeugnis abzulegen über das Gute in euch. Ich glaube immer noch tief an das Licht in euch allen, ich glaube daran, dass dieses Licht sich wieder zur vollen Größe ausbreiten kann.

Ich will jetzt Schuld und Sühne in Wahrheit und in Freude umwandeln. Die Zeit dafür ist gekommen, ihr könnt frei entscheiden, wohin ihr gehen wollt, ich habe euch niemals verurteilt.

Ihr wartet schon lange auf mich und meine Rückkehr. Vieles ist euch darüber berichtet worden. Doch es ist so, das vergessen wurde, das ich einzig und allein unter euch sein will, damit jene, die an mich glauben, mit mir sein können. So seht, ich bin kein überirdisches Geistwesen, nein, ich bin hier mitten unter euch, um euch zur Seite zu stehen. Ich bin es, der euch dann die Hand hält, wenn es dunkel um euch wird. Aber nur die Hand, die mir freiwillig entgegen gestreckt wird, nehme ich an und nur diese Menschen werde ich führen und leiten.

Ich komme nicht mit Wundertaten und Zaubersprüchen oder mit der Demonstration meiner Macht. Das wäre ein leichtes, euch damit zu beeindrucken. Genau das ist es aber, was ich nicht will. Schaut eure Welt doch an, hier herrscht das Gesetz des Stärkeren oder das Gesetz dessen, der euch am besten beeindrucken kann. Zu allen Zeiten wollten die Menschen mit Wundertaten überzeugt werden. Aber es verhält sich wie mit dem Missionieren, das in meinem Namen geschah. Derjenige, der eine andere Meinung oder eine andere Ansicht vom Leben hatte als der, der ihm an Macht und Stärke überlegen war, wurde mit den verschiedensten Methoden überzeugt. „Und bist du nicht willig, so brauche ich Gewalt", war immer schon ein gängiges Mittel, um zu überzeugen.

Ich will auch nicht, dass ihr mich anbetet in Form eines Bildnisses, das vielerorts zu sehen ist. Angebetet werden, wollte ich auch nicht, als ich als der Mensch Jesus von Nazareth unter euch weilte. Ich war ein Mensch unter Menschen, eine Seele, die sich verkörpert hat, um die Botschaft, die Lehren unseres Schöpfers zu euch zu bringen. Ich wollte euch die Augen öffnen, damit ihr sehen könnt. Doch zuweilen blieben die Augen geschlossen, sie wollten lieber das Bild weiter vor sich sehen, das sie sich selbst gemacht hatten oder es zuließen, dass es so gemacht wurde und sie es dann als ihr eigenes ansahen.

Meine Person wurde absichtlich in ein gehobenes Licht entrückt, doch ich will euch nahe sein und das kann ich nur, wenn ich mitten unter euch bin. Mein Ziel ist es, euch zu euch selbst zu bringen. Und ich will euch helfen, euren Weg zurück zum Vater zu finden. Damit meine ich aber keinesfalls, dass ich der notwendige Vermittler bin, ohne den ihr nicht gehen könnt. Ich bin vielmehr euer Wegweiser, doch ich bin nicht der einzige. Meine Brüder und ich wirken gemeinsam, doch jeder tut es auf seine besondere Art und Weise.

Ich sage hier: Wer bin ich, dass ich so erhöht werde? Ich bin ein Sohn des allmächtigen Gottes, meines Vaters, der alles erschaffen hat. Aber dieser Geist der Liebe, den viele Gott nennen, hat viele Kinder und er hat auch viele Namen, die ihm die Menschen gaben. Es ist reine Erbsenzählerei, wenn ihr euch an bestimmten Namen festhaltet. Namensgebung ist eine Erfindung des Menschen, um differenzieren zu können. Aber das will ich euch lassen. Mir geht es nicht darum, euch umzuerziehen, mir geht es einzig und allein um die Aufklärung. Ja. Ich war und ich bin ein Aufklärer, damit ihr nicht mehr im Dunkeln herumtastet wie Kinder, die nicht mehr wissen, wo sie sind. Ich bin mitten unter euch und ich will euch den Weg weisen, ich will euch zeigen, wo ihr euch gerade befindet.

Ich bin wieder freiwillig hier und gehe meinen Weg zu Ende. Ich vollende, was unvollendet war.

Eine unvollendete Sinfonie wird zu Ende geschrieben,
von mir, im Hier und Jetzt.

Die reine Essenz meiner Lehre gebe ich hier weiter. Sicher seid ihr nun verunsichert, was ihr jetzt glauben wollt. Aber gerade der Glaube, der eurem innersten unverfälschten göttlichen Kern entspringt, ist es, den ich euch immer wieder lehren wollte und es auch jetzt wieder tun werde. Es liegt allein an euch, wem ihr euren Glauben schenkt. Ihr seid mündig in meinen Augen, deshalb: Nehmt an oder nicht, ihr habt die Wahl. Ich habe euch stets die freie Wahl gelassen, im Gegensatz zu jenen, die sagten, sie sprechen und handeln in meinem Namen. Sie haben nicht nur euren freien Willen missachtet, sondern sie waren auch diejenigen, die zuviel Wissen an euch bereits weitergegeben haben, was nicht von mir stammte. Ich sage euch: All dieses Wissen ist dasselbe wie ein falsch zusammen gebautes Puzzle. Viele Teile ergeben ein Ganzes, aber das Ganze ist nur ein volles Ganzes, wenn alle Teile zusammen passen. Ab und zu ist etwas verzeichnet, was ich einst gesagt habe. Aber wem nützt dieses, wenn es sich nur um Halbwahrheiten handelt, die nur Bruchstücke des Ganzen sind. Halbwahrheiten sind viel gefährlicher als reine Lügen. Halbe Lügen sind schwer erkennbar, weil sie mit einem Tarnnetz zugedeckt sind. Die Substanz darunter ist entweder schwer oder gar nicht zu erkennen. Aber genau das ist passiert mit meinem Leben und mit meinem Lebensinhalt, der sich dadurch ausdrücken wollte. Viele Menschen haben mir vertraut und dieses Vertrauen werde ich vollständig erfüllen. Ich hatte meine Aufgabe hier einst schon erfüllt, mein Werk wurde jedoch auf falschen

Sockeln aufgebaut. Mein Werk hier auf Erden ist somit ein Bauwerk geworden, dessen Fundament nicht stimmt, weil es nicht mein Wort war. Ich will dieses falsche Bauwerk abreißen und werde es von Grund auf wieder neu aufbauen, damit ihr wieder darin wohnen könnt.

Der Inhalt meiner Lehre sollte einst von meinen Getreuen freiwillig weitergegeben werden, als ob ich es selbst tun würde. Doch vieles wurde entgegen meinem Willen und der wahren ursprünglichen Form weiterverbreitet und ist zu einem persönlichen Machtspiel von einzelnen geworden. Ich habe all dieses gesehen und jetzt will ich noch einmal klarstellen, wie ich es wirklich gemeint habe und will es an jeden einzelnen von euch gezielt weitergeben. Die Zeit ist reif dafür, zu vieles wurde schon verbreitet, in meinem Namen, was aber nicht meiner Wahrheit entspricht. Doch habt ihr euch jemals wirklich die Mühe gemacht, mich wirklich kennen zu lernen? Ich sage euch: Aus mir wurde ein Mythos gemacht, der immer dann vorgezeigt wurde, wenn es darum ging, ganz bestimmte Schuldzuweisungen vorzunehmen, denn diese waren unweigerlich mit mir verbunden. Schuldgefühle wurden immer wieder im Bezug auf meine Person als "der Gekreuzigte" den Menschen ganz bewusst subtil eingeimpft. Das wollte ich persönlich niemals so und will es auch heute nicht!

Ich will nicht mehr sehen, dass ihr vor meinem Kreuz niederkniet. Denn es ist nicht mein Kreuz!

Ich will, dass ihr dieses Symbol des Leides eintauscht gegen das Symbol der wahren Liebe!

Euch wurde in diesem Zusammenhang auch ein Ausspruch von mir übermittelt, der nicht so von mir gesagt wurde: „Mein Vater, warum hast du mich verlassen." Ich habe gesagt: „Vater, warum nur, habe ich den Pfad zu dir verlassen?" Da ich Mensch war, empfand auch ich körperliche Schmerzen und es war nicht der Wille des Vaters, dass mir diese Pein geschehen sollte! Mein Vater ist Liebe und diese schließt den Schmerz aus. Meine Absicht war es niemals zu leiden, um zu beweisen, wie sehr ich euch liebte und genauso wenig verlange ich dieses von euch! Von allem, was über mich geschrieben wurde, erzürnt mich das eine am meisten:

Ich wurde dargestellt als leidender Sohn Gottes! Ich bin aber nicht das Leid, ich bin die Freude, die Hoffnung, ich bin die Liebe! Liebe löscht Leid genauso wie Wasser das Feuer löscht!

Liebt mich, so wie ich bin, aber glorifiziert mich nicht. Denn dann geht ihr wieder aus euch heraus! Ich weiß, dass viele von euch mich wirklich verehren, vielen tut es sehr leid, was mir widerfahren ist, viele fühlen sich schuldig, weil geschrieben wurde, dass ich die Sünden der Welt auf mich genommen habe. Vergebung könnt ihr einzig und allein in euch selbst erfahren. Jeder ist für sich und sein Handeln selbst verantwortlich. Folglich seid auch ihr für mein Handeln ebenso wenig verantwortlich! Doch eines müsst ihr wissen, ich habe euch immer geliebt, vorurteilsfrei, und ich habe mich immer wieder für eure persönliche Freiheit stark gemacht. Ich habe meine Kraft der Heilung für jeden einzelnen gegeben, wenn ich darum gebeten wurde. Für mich gab es keine Unterschiede, so wie es in der Priesterklasse zu meinen Lebzeiten als Jesus von Nazareth praktiziert wurde. Über Gott herrschte vorwiegend der Glaube, er sei böse und rachsüchtig und wolle Opfer, um besänftigt zu werden, doch genau das wollte er nicht! Deshalb wurde ich gesandt, um Klarheit zu bringen.

Mein Licht löschte einen Großteil der Dunkelheit, meine Gewaltlosigkeit und meine Liebe lösten Gewalt und Hass ab. Ich wollte demonstrieren, dass dem göttlichen All-Geist alle seine Wesen gleich viel wert sind. So habe ich auch die Blutopfer öffentlich geschmäht und ich habe durch all meine Heilungen zeigen wollen, dass allein durch den Glauben an die Allmacht Gottes alles möglich ist. Ich habe niemals versäumt zu sagen, dass dieser göttliche All-Geist im tiefsten Kern der menschlichen unsterblichen Seele verankert ist!

Es ging mir um die Anhebung des persönlichen Bewusstseins zu Gott in jedem Menschen.

„ Die Botschaft des Vaters / Teil I „

Warum, frage ich euch, sollte ich Opfer von euch nötig haben?

Was sollen diese Opfer für mich bringen? Glaubt ihr, mich damit gnädig zu stimmen?

Ich sage euch hiermit: Haltet euch an das Gesetz von Geben und Nehmen im Einklang. Gebt freiwillig aus frohem Herzen, was ihr zu geben wünscht, und nehmt dankbar an, was euch gegeben wird. Das ist alles. Und fügt euch selbst, euren Mitmenschen und Mitwesen keinen Schaden und Schmerz zu.

Ich sage an dieser Stelle mein ganz deutliches „Nein" zu dem Irrglauben, dass ihr für mich Opfer bringen müsst, um mich versöhnlich zu stimmen oder um Sühne zu tun.

Schenkt mir euer Lächeln, schenkt mir euer Lachen, eure unvoreingenommene Liebe. Ihr könnt mich auch in Liebe verehren, aber es ist für mich nur von Freude, wenn es aus offenem, reinem Herzen freiwillig für mich gegeben wird. Dann seid ihr bei mir und ich bei euch!

Wenn ich vom „Vater" spreche, könnte ich ebenso sagen, Mutter-Vater, denn auch diese meine Aussprache wurde falsch interpretiert! Ich sehe mit Vater nicht nur einen Mann und sehe die Mutter nicht, sondern ich meine mit Vater den am meisten Geliebten, Mutter-Vater-Schöpfergeist, der überall ist. Für mich ist das eine Einheit, denn es kann nicht nur eine Seite geben und genauso seid ihr erschaffen. Auch ihr habt beide Seiten, nämlich die männliche und die weibliche in jedem von euch, unabhängig von dem Geschlecht, in dem ihr hier verkörpert seid. Ich habe den Namen in meiner damaligen Sprachform ausgesprochen und es wurde namentlich übersetzt, aber nicht in der Bedeutung, mit der ich es ausgesprochen habe. So seid ihr Kinder des himmlischen Vaters und der Erdenmutter. Aber der Einfachheit halber lasse ich es bei dieser euch bekannten Form, nur müsst ihr wissen, was damit gemeint ist von meiner Seite aus.

Mein Herz ist weit geöffnet, weil ich an die Liebe des Vaters direkt angeschlossen bin und ich breite meine Arme aus, um euch zu umarmen. Doch ich musste erkennen, dass viele von euch so verschlossen sind, dass ihr es nicht mehr versteht, wenn euch einer ohne Arg entgegentritt. Ihr misstraut mir oder ihr bewundert mich, wenige von euch sind in der Lage, meine offene Liebe genauso offen zu erwidern.

Was ist geschehen?

Es ist an der Zeit Frieden zu schließen!

Hier stehe ich wieder vor euch mit einem offenen Herzen, aus dem die Liebe in den hellsten Strahlen emporschießt, um direkt mit euch in Verbindung zu treten, um in euch zu fließen. So bin ich mit euch verbunden. Mein Licht fließt zu allem was da ist, weil ich niemals getrennt habe, genauso wenig, wie es der Vater getan hat. Seine Liebe durchdringt alles, was da ist. Sein Licht fließt in die dunkelsten Stellen, löst alles auf. Es sei denn, ihr verschließt willkürlich den Eingang in euch und wollt absichtlich in der Dunkelheit leben. Doch ich frage euch: Was nützt es, was bringt es, wenn ihr dem Licht den Einlass verbietet? Es leuchtet draußen, es ist da, nur ihr habt euch ausgeschlossen!

Mit meinem Wort und mit meiner Handlung will ich jeden einzelnen von euch erreichen und die geschlossenen klammen Hände, die zu Fäusten geballt sind, wieder öffnen, damit sie wieder lernen, zärtlich zu streicheln. Ich will die blinden Augen öffnen, damit sie die Wahrheit sehen. Ich will euren Mund küssen, damit er Worte der Liebe ausspricht, anstelle Worte des Hasses und des Zornes, Worte die verletzen. Ich will euch den Odem des ewigen Lebens einhauchen, damit ihr eure Heimat wiederfinden werdet. Ich bin nicht gekommen um zu verurteilen. Ich bin gekommen, um die Wahrheit auszusprechen, auch wenn sie für viele von euch sehr unbequem ist.

Ich komme unter euch und bin unter euch und werde der Verwirrung ein Ende setzen, dann wird schwarz, schwarz sein und weiß wird weiß sein. Jedermann kann das sehen.

Ich werde den Schleier der Illusion von den Menschen heben, so dass jeder frei wählen kann, wohin er gehen will. Ich werde das Dunkle sichtbar machen, um es dann aufzulösen. Die Erde wird gereinigt werden, die Urkräfte kehren zurück!

Meine Getreuen, sammelt euch um mich, ihr werdet mich finden, ihr werdet mich erkennen!

Ihr müsst wissen, dass es mir nicht darum geht, eine neue Religion zu gründen oder um mich erneut anbeten zu lassen, vielmehr bin ich hier, weil ich nicht mehr zulassen werde, dass meine ursprüngliche Botschaft so verfälscht dargestellt wird! Was über mich geschrieben wurde, war hauptsächlich negativ belastet von dem starren Festhalten an bereits existierenden Glaubensvorstellungen. Die Macht wurde in veränderter Form weitergeleitet, teils mit Dunkelheit und teils mit Licht vermischt. Doch das reine Licht wird erst wieder existieren, wenn jeglicher Glaubensdogmatismus vollkommen aufgelöst und transformiert wurde in die ursprüngliche Lehre der Freiheit, des Friedens und der Liebe, denn es gibt nur diese eine Wahrheit! Diese Wahrheit beinhaltet auch, dass Gott keine Stellvertreter auf Erden hat, die an seiner Stelle regieren! Es sind aber seine Botschafter unter euch, die alle spezialisiert sind auf verschiedenen Lebensgebieten. So sind Entwicklungshelfer, Lehrer aber auch Propheten mitten unter euch, um dabei behilflich zu sein, dass ihr Menschen den Weg zurück zu Gott finden werdet.

Ich bin vor allem als spiritueller Lehrer gekommen, um euch dabei behilflich zu sein, euer Herz wieder für die reine Liebe zu öffnen.

Ich wollte euch die Augen öffnen, damit ihr erkennt, dass alle Menschen unter ihrem Erdenkleid unsterbliche Seelenkinder sind. Dazu bedarf es aber zuerst der Einsicht, dass jeder für sich selbst verantwortlich ist und somit auch für sein gesamtes Handeln.

Alle Versprechen, die Gott gibt, wird er immer und ewig halten. Alle Geschenke, die er euch gemacht hat, wird er niemals zurückfordern und seine Liebe ist beständig!

Ein Baum, der reiche Früchte trägt, gibt sie freiwillig her, damit andere Lebewesen sich daran laben können. Doch er gibt sie allen, die sie mögen, und macht keinen Unterschied. Auch die Raupe darf davon kosten, selbst wenn dann diese Frucht für den Menschen ungenießbar geworden ist. Doch wie wäre es mit Teilen? Anstelle die Raupe zu vernichten, weil sie ebenfalls diese Früchte mag, solltet ihr es ihr gönnen, von dieser Frucht zu kosten.

Das Wort Gottes ist für alle da, und nicht nur für die einen, die meinen, sie allein dürften es auf ihre Art und Weise verwenden!

Genau wie der Baum, gibt Gott seine Früchte der Liebe an diejenigen weiter, die sich freiwillig darum bemühen. Er hat nicht aufgeteilt in Glaubensgruppierungen, die sich anmaßen zu wissen, an wen sie seine Früchte verteilen dürfen. An solches zu glauben, entbehrt jeder Logik. Was dann der einzelne mit der Frucht macht, auf welche Art und Weise er sie verzehrt, ist einzig und allein nach seinem freien Willen ausgerichtet.

„ Der Kreis des Lichtes „

Es ist dunkel geworden in eurer Welt, die auch die meine war, weil sie aus der wahren Liebe heraus entsprungen ist. Diese Dunkelheit wird sich immer noch weiter ausbreiten, nimmt Sekunde für Sekunde immer mehr zu. Und die Auswirkungen sind überall zu spüren und zu sehen. Ihr seid euch fremd geworden, und jeder sieht zu, dass es ihm gut geht, hat keine Sinne mehr für die Bedürfnisse des anderen. Ein jedes Wesen hat seine ganz individuellen Bedürfnisse. Dieses sollte respektiert werden, auch wenn es der eigenen jeweiligen Anschauung nicht entspricht.

Stellt euch vor, ihr legt jeder etwas von euren eigenen Bedürfnissen und Wünschen in einen großen Korb, vermischt es untereinander. Und wenn daraus ein gemeinschaftliches Werk entstehen kann, mit dem jedem von euch geholfen ist, dann habt ihr ein gemeinsames Bedürfnis, das ihr ausleben dürft, weil ihr keinem anderen damit schadet. So unterstützt euch gegenseitig. Und so kann jeder Starke den Schwächeren unterstützen, so dass auch dieser dann dieses segensreiche Werk fortsetzen kann, an einem noch Schwächeren und so schließt sich der Kreis dann wieder.

Denn, wenn ihr immer wieder versagt, was die Gemeinschaftlichkeit anbetrifft - also die Sorgsamkeit für euren Nächsten zu üben - bis ihr all das meisterhaft beherrscht - werdet ihr nicht weiterkommen. Dann ist der Eingang zu den höheren Reichen, wo dieses liebevolle Miteinander gelebt wird, für euch verschlossen! Und auf der Erde erlebt ihr dann, wie es ist, auf sich allein angewiesen zu sein, wie es ist mit Ignoranz, Intoleranz, Feindseligkeit, Lieblosigkeit und Grausamkeit untereinander leben zu müssen. Ihr könnt euch nur aus eigenem Antrieb aus diesem unseligen und zerstörerischen Kreislauf heraus befreien. Wartet nicht bis da jemand kommt, der euch rausholt und befreit, befreit euch selbst von diesem Feind in euch. Damit meine ich den menschlichen Intellekt, wenn der sich vom Herzzentrum getrennt hat. Das ist der schlimmste Feind, weil der euch ganz genau kennt. Er weiß ganz genau, wo der Knopf ist, auf den er drücken muss, um euch auf seinen Weg zu locken. Er ist der innere Verführer, der sich mit dem Außen verbindet, um eure Seele von ihrem Weg zurück zu Gott abzubringen.

Zurück zu Gott, das bedeutet, die wahre persönliche Freiheit zu leben und den Weg der selbstlosen Liebe zu gehen!

Deshalb könnt ihr euch jetzt sicher vorstellen, dass es wenige von euch sind, die sich auf diesem Weg befinden und wer auf anderen Abwegen bleibt, wird in die Irre gehen. Diese Irrwege haben etwas Gemeinsames. Sie sind nicht von Gott für euch vorgesehen; sie erfüllen euch mit kurzweiligem Erfolg, mit kurzweiliger Freude und mit kurzweiligem Leben. Doch all diese Wege enden abrupt und dann steht ihr wieder vor dem gleichen Abgrund, vor dem ihr euch bereits befunden habt. Ihr könnt jetzt euch selbst nicht mehr helfen, weil ihr den Ausgang nicht mehr findet, weil ihr in euch selbst verwirrt seid.

Bittet den göttlichen Geist der Liebe um Klarheit, auf dass ihr den wahren Weg eures Lebens gehen könnt!

Lasst euch nicht ablenken und von eurem Lebensweg abbringen durch eine Übersättigung eurer Gedanken durch den Einfluss von außen. Ein Zuviel von allem, was von außen in euch hineingetragen wird, ist von Übel!

Viele von euch glauben auch zu wissen, dass es andere Welten gibt, und manche von euch legen es als „Unsinn" aus. Aber ich sage euch: Da sind viele Welten, die ihr nicht kennt, von denen ihr niemals gehört habt und es auch niemals erfahren werdet. Wozu auch? Zuviel Wissen würde euch verwirren und überfordern. Ihr lebt jetzt hier auf der Erde und ihr seid ausgestattet mit den Sinnen, diese Ebene zu begreifen und mit ihr umgehen zu können. Es genügt vollkommen zu wissen, dass es diese Welten gibt, es genügt ihre Wirklichkeit zu akzeptieren. Akzeptanz des Andersartigen ist hier gefragt. Wer keine Akzeptanz lebt, hat bereits unterlassen, sein eigenes „Ich Bin" zu akzeptieren. Das „Ich Bin" in jedem Menschen ist die Liebe und das Zentrum der Liebe ist in Gott und der weise Schöpfer aller Welten ist wiederum Liebe.

„ Die Zeit des Verfalls „

Hinter der euch sichtbaren Welt sind andere Welten, die ihr mit euren irdischen Sinnen nicht wahrnehmen könnt. Der Schutzfilm, der zwischen diesen Welten steht, wird durch die negativen Gedanken und die Ängste vieler Menschen immer dünner. Diese machtvollen Schwingungen bilden Kraftfelder, die sich verselbständigen. Das ist, als ob ein Kitt, der zwei Glasscheiben voneinander trennt, durch ständige Reibung immer dünner wird und bröckelt. Ohne diesen festen Halt kommt es plötzlich zur Berührung und so zur Beschädigung oder zum Bruch der Glasscheiben. So ist es auch hier. Es entstehen Lücken und Löcher und so können Geistwesen, die nicht hierher gehören, plötzlich in die euch sichtbare Welt eindringen.

Viele bisher verschlossene Tore haben sich geöffnet. Das ist eine unangenehme Situation und viele Lichtwesen verschließen diese Öffnungen. Aber je mehr Hass und negative Gedanken der Angst freigesetzt werden, umso größer ist die Gefahr, dass diese Öffnungen unkontrollierbar werden. Es ist eine Zeit des Verfalls! Alte Werte lösen sich auf und es wird nach neuen Werten gesucht und zwar aus dieser tiefen Wurzellosigkeit heraus, die sich immer mehr ausbreitet. Entwurzelt zu sein bedeutet für jedes Lebewesen, dasselbe wie für einen Baum, dessen Wurzeln keinen Halt mehr im Erdreich finden: Es wird dahinsiechen! Wann es dann soweit sein wird, ist eine Frage der Zeit und wie viel Nährsubstanzen noch zur Verfügung stehen. Nun wird aber den entwurzelten Menschen, oftmals eine Substanz von außen verabreicht, die ihnen weismachen soll: Wenn ihr das nehmt, was wir euch hier verabreichen, seid ihr wieder voll da. Aber sie erhalten dadurch keine neuen Wurzeln mehr, um sich zu regenerieren, es scheint nur so. Deshalb ist diese Zeit eine Zeit des Scheins, ja und so erscheinen uns diejenigen, die es so vorgeben, als Heilige. Doch sie sind nur Scheinheilige. Also sind es die Scheinheiligen und deren Scheinhelfer und die Schein-Wesen. Achtet auf diese Zeichen: „Sie geben den Anschein, als wären es ausschließlich sie allein, die ihr braucht, um wieder heil zu sein." Aber wie könnt ihr diese erkennen?

Wahre Helfer, in deren Mitte der göttliche Geist ruht, werden sich nicht scheuen, euch in die Augen zu sehen, während ihr direkte Hilfe erfahren dürft. Sie scheuen sich auch nicht, euch zu berühren oder von euch berührt zu werden. Ihre Liebe und ihr wahres Interesse an euch werdet ihr so deutlich spüren können. Sie werden es auch nicht versäumen, euch auf die Eigenverantwortlichkeit hinzuweisen. Ihr erfahrt also hier wahre Hilfe über eine persönliche Begegnung. Denn es geht immer um eure Seele, niemals geht es vordergründig um euren Körper oder um euer äußerliches Weltbild, in dem ihr gerade lebt. Und die Seele kann nur durch die Liebe Gottes erreicht werden und nur dadurch werden sich wahrhaftige Vorteile für den Menschen ergeben. Deshalb hütet euch davor, euer Seelenheil in die Hände Unkundiger zu legen.

Wendet euch dem Heilsein eurer Seele mit aller Kraft
zu und gebt niemals auf, die Seele in ihre Vollständigkeit
zurückzuführen!

Was eure Jetzt-Welt anbetrifft, so hält sie zahllose Ver-
führungen bereit, die eure Seele in die Irre führen wollen, weil
euer irdischer Verstand, euer menschliches Ich allzu gern bereit ist, selbstherrlich einen eigenen Weg zu gehen, und sich
dadurch immer mehr auf Abwege begibt. Denn Erkennen geht
über Sich-Selbst-Erfahren.

Wahre Hilfe bedeutet, dass ihr dadurch lernt, wie ihr zu
den für euch notwendigen Lebenslektionen kommt, was sie für
euch bedeuten, und dass da jemand ist, der euch zeigt, wie ihr
in die Liebe zu der in euch wohnenden göttlichen Kraft kommen könnt, um somit wieder in euch eins zu sein. Denn dann
werdet ihr wissen, was zu tun ist und dann werdet ihr auch
wissen, wie ihr um bestimmte Erfahrungen einfach nicht he-
rumkommt, wenn ihr wirklich und wahrhaftig geistig reifen
wollt. Denn auch hier sage ich euch: Achtet auf das, was euch
von außen aufgesetzt wird. Fühlt hinein und wo es sich für
euch fremd anfühlt, lasst euch nicht darauf ein. Denn die eine
einzige Wahrheit kann nur von innen nach außen gehen! So ist
auf diesem Gebiet immer noch viel Unkenntnis zu finden,
Halbwahrheiten werden weitergegeben. Es ist eine Zeit des
geistigen Aufbruchs und eine derartige Veränderung braucht
seine Zeit, um damit umgehen zu können. Und hier gibt es
natürlich Schatten als auch Licht!

Viele unter euch fühlen sich als geistige Helfer berufen,
aber nur wenige sind es wirklich!

Wahre Boten und Helfer Gottes, die euch als „Engel" bekannt sind, existieren vor allem in der spirituellen Welt, um von dort aus den Menschen zur Seite zu stehen. Hier weise ich besonders auf die geistigen Lehrer und Beschützer hin, die ihr im Allgemeinen als Schutzengel kennt. Kommuniziert mit ihnen, seid dankbar für ihre Hilfe und vertraut auf sie. Schließt sie in eure Gedanken ein und gebt ihnen einen festen Platz in eurem Leben. Dafür müsst ihr keine festgelegten Rituale abhalten oder unbedingt Düfte und Essenzen sowie Symbole einsetzen. Sprecht mit ihnen, genauso wie ihr mit einem irdischen Vertrauten sprecht. Ja, wenn ihr sie in euer Leben eingeladen habt, werden sie dabei behilflich sein, euch vor dem Eindringen fremder negativer Energie zu bewahren. Aber glaubt nicht, dass sie etwas erledigen, was ihr selbst nicht tun wollt oder dass sie Aufgaben für euch übernehmen, deren Durchführung ihr selbst meistern solltet, um daran geistig zu wachsen. Sie werden euch aber immer Hilfe zur Selbsthilfe über die Stimme eurer Seele, der Intuition, geben.

Es sind auch lichte Geistwesen unter euch, die als Mensch inkarniert sind, um euch ganz nahe zu sein. In ihrer Gegenwart werdet ihr euch sehr wohl fühlen, und so werdet ihr oft auch das Bedürfnis haben, in der Nähe dieses Menschen bleiben zu wollen. Als ein sicheres Kennzeichen gilt es, dass dieser Mensch immer darauf achten wird, euch in eure persönliche Freiheit zu führen, anstelle euch von sich abhängig zu machen.

Er wird immer danach trachten, euch in die Selbständigkeit zu führen. Daran könnt ihr sie erkennen! Denn dieser Bote weiß um die Göttlichkeit in euch, er wird euch in die „Drei-Einigkeit" in euch selbst hineinführen. Nichts anderes ist damit gemeint, als ich sagte: „Das Königreich Gottes ist in euch!" Denn eure Seele will geistig reifen, will aus den Kinderschuhen herauswachsen, will weit Größeres leisten auf dem universellen Gebiet, das ihr euch mit eurem irdischen Verstand nicht vorstellen könnt.

Ich bringe euch das Feuer des Lebens und die Liebe, die Gnade Gottes!

Hier in diesem Augenblick eures Lebens, beginnt euch an die Kraft zu erinnern, die in euch ist und die ihr braucht, um zu lernen, um weiter zu kommen. Jeder Augenblick ist eine neue Chance. Nutzt sie weise und akzeptiert euch in eurem Menschsein, doch mit der absoluten Gewissheit, wer ihr unter diesem Kleid wirklich seid. Sehet euer wahres unsterbliches Sein.

Ihr seid hier in euren Körpern, weil nichts zufällig geschieht, weil gerade in diesem irdischen Dasein ihr weitere Erfahrungen und auch Erfüllung sucht. Auf eurem Lebensweg könnt ihr euch oft entscheiden, wie es für euch weitergehen soll. Vor diesen Lebenskreuzungen sind deutliche Signale gesetzt, ihr müsst sie nur beachten. Ihr werdet auf eurem Lebensweg mit Hindernissen unterschiedlichster Art und Größenordnung konfrontiert und hier kommt es auf eure

Weitsicht, Klugheit und Mut an, wie ihr mit ihnen umgehen werdet. Erbittet euch göttliche Hilfe und kosmisches Licht, wenn es dunkel um euch wird. Ihr könnt sicher sein, dass dieses Licht kommt. Achtet darauf, es wird euch leiten. Vergesst nie, das ihr einen göttlichen Vater habt, der euch liebt, und sich so sehr wünscht, das ihr den Weg zu ihm findet, zurück zu ihm, in euer liebendes Zuhause, eure Heimat, eure Wiege.

Wertet nicht und verurteilt nicht. Widersteht den Versuchungen, die euch von dem Weg der Liebe abbringen wollen.

„ Das Ende der Welt? / Teil I „

Vieles steht geschrieben über das Ende der Welt. Viele Seher haben gewarnt, viele Gurus haben Anweisungen weitergeleitet. Stellt euch vor, das wäre die Wahrheit. Wie würdet ihr damit umgehen, wenn ihr wüsstet, dass das die letzte Chance ist, sich zu läutern, sich zu erkennen und sich der Liebe zu erinnern, aus der ihr erschaffen seid?

Haltet einmal ein, in eurem alltäglichen weltlichen Streben. Stellt euch vor, die Zeit bleibt jetzt stehen. Ihr seid genau dort, wo jetzt der Zeiger eurer Lebensuhr angehalten hat. Der Vater steht jetzt mitten unter euch. Er sieht euch in die Augen. Es ist nichts mehr zu verbergen. Eure äußere Form des Körpers drückt haargenau eure innere Struktur aus. Ihr seht euch in einem Spiegel des ewigen Lebens. Die Seele erkennt sich und sieht, was aus ihr geworden ist. Und ihr könnt jetzt nichts mehr daran verändern. Die Offenbarung ist bereits da. Ihr schaut in die Augen der bedingungslosen Liebe, am liebsten würdet ihr euch in der dunkelsten Grube verstecken. Aber es geht nicht mehr. Die Liebe weint und sagt zu euch: „Ich kann euch nicht mehr helfen. Ein jeder von euch wird sofort in dem Umfeld weiterexistieren, was er sich im Geiste bereits erschaffen hat. Die Zeit ist um, wo ihr immer wieder eine Chance hattet, durch einen neuen Körper euch der Liebe zurückzuerinnern und danach zu leben. Und so wird ein jeder in der Form leben, die er sich selbst erschaffen hat. So werden die Hartherzigen in einer hartherzigen Lebensform, die Grausamen in einer grausamen und die Sanftmütigen in einer sanftmütigen Lebensform weiterexistieren. So wird ein jeder dort zu Hause sein, wo er sein Heim selbst geschaffen hat."

Das ist der Ausgleich auf den von Anfang an alles programmiert war, das ist die Gerechtigkeit, der jeder unterworfen ist! Und denkt daran, dass kann schon morgen sein. Nur der göttliche All-Geist allein weiß, wann es soweit sein wird. Aber sicher ist es, dass es so sein wird.

In den Zeiten, die vor euch liegen, oder es scheint so, als wenn sie vor euch sind, werden es diejenigen von euch am schwersten haben, die davor weglaufen! Konfrontation mit den Lebenslektionen ist es die euch weiterbringt und alle Ängste, die sich davor gelegt haben wie Spinnennetze, müssen zuvor von euch zerrissen werden. So nehmen sie an Kraft ab und verstreuen sich in alle Winde.

Es gibt keine Zukunft, es ist ein ewiges Jetzt, in dem sich das Leben abspielt. Nur ist es so, wie mit einer Schallplatte, die aus mehreren Spurrillen besteht. Jede Spur steht für ein anderes Lebenslied und doch ist es ein- und dieselbe Schallplatte. Alles zusammen ergibt ein Gesamtwerk und ihr könnt auch von einem Lied zum anderen springen. Ihr könnt vor und zurück und wenn sie fest hängt, spielt sie immer wieder dasselbe Teilstück. Genauso ist es mit dem Leben.

Als Seele habt ihr das eine ewige Leben, für das nur ihr allein verantwortlich seid. Ich als Jesus wollte den Menschen diese Selbstverantwortung erneut nahe bringen. Dieses ist aber gescheitert, weil es nicht verstanden wurde. Es wurde geglaubt, dass es meiner Person bedurfte, um aus allen Schwierigkeiten herauszukommen. Aber ich war und ich bin nur die Hand, die euch als Wegweiser dient. Es ist alles eine Frage des Bewusstseins. Ich habe die Menschen zu ihrem göttlichen Bewusstsein, ihrem göttlichen Selbst, dem Tor zu dem göttlichen Geist geleiteten wollen.

Ich war und bin ein Weg. Wenn ihr glaubt, dass das göttliche Tor für euch verschlossen ist, so schaffe ich den Zugang, den die Seele braucht, um wieder frei kommunizieren zu können mit dem göttlichen Geist der Liebe. Sorgt dann dafür, dass dieser Zugang nicht mehr zuwächst, er ist dafür da, um benutzt zu werden. Macht euch klar, dass alles Bewusstsein aus euch selbst heraus erwachsen muss und zwar von innen nach außen. Hätte der Schöpfer es anders vorgesehen, wären alle Menschen bereits in gemeinschaftlichen Geheimbünden mit Geheimwissen, also mit von außen aufgesetztem Wissen, geboren worden.

Siehe es ist immer dasselbe, Gottes Weisheit ist einfach, sie kann nicht mit mathematischen Formeln entschlüsselt werden.

Seid euch eures göttlichen Ursprungs bewusst und vertraut aus tiefstem Herzen heraus der Führung durch den göttlichen Geist. Vertraut einfach!

„In diesem Augenblick eures Lebens sage ich euch: Haltet ein, inmitten der Hektik eures Alltags, zieht euch zurück in die Kammern eurer Herzen, beobachtet den Fluss eures Atems und fühlt den Schlag eures Herzens. Stellt euch vor, wie ihr verbunden seid mit meiner Liebe, fühlt die Wärme, fühlt das Licht. So seid ihr verbunden mit mir und die Macht meiner wahren Liebe ist mit euch."

Ihr müsst wissen, dass ihr nur Rollen auf Zeit spielt hier auf der Erde. Ihr dürft euch aber nicht in diese einzelnen Persönlichkeitsrollen verbeißen, das heißt, ein Schauspieler, der sein Multitalent auf nur eine einzige Darstellung fixiert, verschleudert dieses letztendlich. Ihr solltet hier erkennen, dass ihr nicht diese Rolle selbst seid, sondern ihr spielt sie!

Die jeweilige Lebensrolle dient dazu, dass ihr lernt, geistigen Lehrstoff weiter zu entwickeln. Die künstliche Verwicklung durch das kleine menschliche Ich ist reines Ablenkungsmanöver und führt leider all zu oft dazu, das ihr von eurem wahrhaftigen Lebensweg, eurem Seelenplan, abkommt und in die Irre geht.

„ Die Macht der Gemeinschaft „

Die Zeiten haben sich verändert und wir stehen jetzt vor einer großen Wende in der Geschichte der Menschheit. Alles ist möglich, Entscheidungen von großer Tragweite stehen an. Der freie Wille kommt jetzt voll zum Tragen. Hier entscheidet sich, wie es weitergehen wird auf der Erde.

Dieser wunderschöne Planet Erde, mit seinen verschiedenen Lebensformen, den auch ich sehr liebe, hat es verdient, dass ihr respektvoll und rücksichtsvoll mit ihm umgeht. Ich war bereits in den Anfangszeiten hier und gehörte zu den geistigen Helfern, die nach dem heiligen Willen unseres Schöpfers dafür gesorgt haben, dass die Saat seiner Liebe überall ausgebreitet wurde. Es herrschte große Finsternis und Unwissen und wir sorgten dafür, dass auch die göttliche Idee der Gemeinschaftlichkeit und gegenseitigen Unterstützung überall hingetragen wurde. Doch es war keine leichte Arbeit. Viele von uns wurden verfolgt, geächtet und getötet und das immer wieder aufs Neue. So erging es auch mir als "Jesus von Nazareth", der ich als geistiger Lehrer und Helfer gekommen war. Aber meine Liebe zu euch konnte niemals zerbrochen werden!

Ich will euch die Idee der Gemeinschaftlichkeit erneut nahe bringen. Sie ist frei geboren aus der Liebe Gottes heraus. Sie ist die Ursprungsform der Liebe, so wie sie gelebt werden sollte. Damit ist aber nicht gemeint die Gemeinschaftlichkeit innerhalb einer Gruppe, die sich wiederum von den Interessen anderer Gruppierungen unterscheidet und so doch wieder gleichzeitig gegensätzlich sind. Vielmehr ist damit gemeint, lebet miteinander, nicht gegeneinander, respektiert die Andersartigkeit der anderen. Mault und murrt nicht, sondern versucht zu verstehen, damit ihr wieder eine Einheit werdet.

Grundverschiedene Bedürfnisse, wie die der Lebewesen im Meer und der Lebewesen auf dem Land sollten nicht auf einem gemeinsamen Lebensfeld auf Dauer ausgelebt werden. So kann ein Fisch nicht auf dem Land überleben und eine Katze nicht im Wasser. Deshalb wird auch getrennt werden, was nicht mehr harmonisch zusammenpasst im Sinne der göttlichen Schöpfung. Viele Lebensformen leben hier auf der Erde, die ursprünglich nicht hierher gehörten und die auch in einem Umfeld leben sollten, das ihren Bedürfnissen entspricht.

Das größte Unglück ist, dass die menschliche Gattung noch nicht einmal die Bedürfnisse ihrer eigenen Art anerkennt. Eigennütziges Verhalten ist an der Tagesordnung. Ein starkes Verlangen nach etwas, das der Einzelne haben will, weicht oft dem fanatischen unbedingten Besitzen-Wollens um jeden Preis. Und diese Gier des Besitzen-Wollens greift um sich wie ein verheerendes Feuer, das alles verzehrt, was sich ihm in den Weg stellt. Und so verzehrt sich aber alles, was da ist, denn die Schöpfung ist nicht auf Eigennutz programmiert.

Und was glaubt ihr, passiert mit einem Programm, das immer wieder attackiert wird? Ich sage euch: Es wird zerbersten!

Bittet um Einsicht für die richtigen Erkenntnisse, dieses rechtzeitig ändern zu können. Wenn alles zusammen gebrochen ist, ist es zu spät. Alles hat seine ganz bestimmte Zeit, um zu wirken und der Weg dafür ist fast zu Ende, der Weg der Geduld und des Verständnisses seitens des Schöpfers. Denn auch der göttliche Geist hat kein weiteres Interesse daran, ein Programm zu warten und instand zu halten, das nicht gebührend benutzt wird.

Die Natur ist eine Symbiose von den unterschiedlichsten Lebensformen, basierend auf dem Prinzip Geben und Nehmen! Diese Perfektion ist aber unterbrochen worden durch die Habgier des Menschen, der von seinem ursprünglichen göttlichen Weg abgegangen ist.

Der Mensch ist ebenso wie alle anderen Lebensformen als eine Idee Gottes erschaffen worden. Aber der Mensch hat sich nicht an die Idee der Gemeinschaftlichkeit gehalten. Ausgestattet mit seinem freien Willen wollte er den göttlichen Schöpfungsakt noch übertreffen und begann auf eigene Faust selbst zu erschaffen. Doch da er nicht die göttliche Genialität besaß, erschuf er entgegen dieser perfekten Symbiose, die bereits existierte. Und solches tut er immer noch. Der Mensch wagt sich an Experimente, die ihn zerstören können.

Mit jeder neuen Waffe, die er erschuf, vernichtete er gleichzeitig einen Teil seiner selbst. Er erschuf Material, Lebensformen, die entgegen dem Gebot der friedlichen Koexistenz von verschiedensten Lebensformen stand. Gottes Schöpfung ergänzte sich, alles war ein Miteinander und plötzlich entstand ein Gegeneinander. Der Kampf, der Krieg war geboren worden. Die Saat der Finsternis war aufgegangen. Und diese Saat wurde fleißig gegossen, so dass die Auswirkungen immer größer wurden.

Gott gab den Menschen den freien Willen. Dieses beinhaltet auch das Akzeptieren von falschem Verhalten. Gott ist konsequent in allen seinen Handlungen!

Jeder von euch ist ein wichtiges Rad im Großen Räderwerk der Gesellschaft. Haltet ein, zu glauben und zu sagen: Ich allein vermag nichts. Dem ist nicht so, denn wenn ein Rädchen sich in die andere Richtung bewegt als die übrigen, wird es bewirken, dass auch andere Räder sich in diese neue Richtung bewegen und so kommt der Gesamtmotor ins Stottern und muss lernen, sich umzuorientieren, um wieder voll funktionsfähig zu sein. Das ist dann eine Veränderung, die sich aus sich heraus geschaffen hat, ohne jegliche Gewalteinwirkung. Denn Gewalt bringt nur Gewalt zurück. Sowie auch Liebe nur Liebe zurückbringen kann.

Eine Revolution, die gewaltsam begonnen hat, wird auch gewaltsam enden!

Schaut die Geschichte der Menschheit an und ihr werdet erkennen!

Deshalb habe ich bereits gesagt: „Wer das Schwert in die Hand nimmt, wird durch dieses umkommen. Und eine friedliche Revolution wird dann letzten Endes den Frieden zurückbringen." Das gilt für jeden einzelnen von euch. Doch stellt euch vor, ihr begebt euch gemeinsam auf eine friedliche Revolution, dann werdet ihr auch gemeinsam das entsprechende friedliche Resultat letztendlich zurückbekommen. Jeder Mensch, der den Frieden in seinem Leben mit sich selbst und den anderen lebt, wird dieses ebenso in einem persönlichen Resultat zurückbekommen, das geschieht in jedem Fall, sei es früher oder später. Aber wenn ihr gemeinsam etwas in Gang setzen würdet, welch ein gewaltiges Ergebnis hättet ihr dann! Und wiederum erinnere ich euch an die Wichtigkeit einer Gemeinschaft miteinander. Aber auch dieses ist oft falsch wiedergegeben worden. Ich setzte mich stets für die Gemeinschaftlichkeit ein. Doch meine Auffassung der Bedeutung einer Gemeinschaft ist jene, dass ihr gemeinsam und doch in persönlicher Freiheit jedes einzelnen von euch den Frieden setzt in euren Herzen und ihn durch die Liebe entzündet in euren Tempeln, in euch selbst.

Eine Gemeinschaft, wie ich sie meine, hat ein gemeinsames Ziel und doch sollte jedem überlassen werden, wie er dazu beitragen will, dieses Ziel zu erreichen. Und wenn einer gehen will, so soll es in Frieden geschehen, es soll ihm gewährt werden, ohne die Liebe zu schmälern.

Ihr müsst euch nicht in Gruppen zusammenschließen, um dieses Ziel zu erreichen. Denn in einer Gruppe gibt es immer einen oder mehrere Anführer und folglich sind die anderen die Gefolgsleute. Die Macht beginnt aufzukeimen, die dann oft zum Übel wird. Mein Verständnis einer Gemeinschaft ist der freiwillige Zusammenschluss von Menschen, die einer gemeinschaftlichen Sache dienen, egal, wo sie sich befinden, in diesem Teil der Welt oder in anderen, ob nachbarschaftlich oder familiär verbunden, all das spielt keine Rolle. Ich meine die Gemeinschaft im Herzen in der Liebe zu allem was da ist, die Bereitschaft zum Frieden.

Mein Friedensreich ist unbegrenzt und schließt niemanden aus. Ausschluss geschieht hier durch den persönlichen freien Willen. Wenn der diese Gemeinschaft nicht will, schließt dieser Mensch sich selbst aus. Aber auch dieses muss toleriert werden, denn jedem geschehe nach seinem Glauben. Jeder von euch schafft sich so seine eigene Welt, sei sie so oder so!

„ Der direkte Weg „

Ich gebe euch hier den 13. Schlüssel für das Tor zur Erkenntnis. Der Schlüssel öffnet die verschlossene Pforte in euch,
damit ihr erkennt aus welchem Reich ihr kommt und danach
handelt. Habt ihr euch noch nie gefragt, woher ihr kommt und
wo euer Lebensweg lang gehen soll und wie ihr das stille Glück
in eurem Herzen wiederfinden könnt?

Viel Zeit ist vergangen, wertvolle Zeit. Nur, es war mir
nicht früher vergönnt, erneut zu euch sprechen zu können.
Meine ursprüngliche Lehre wurde nicht ernst genommen, sie
wurde einfach interpretiert und verwässert durch das menschliche Ego derjenigen, die glaubten, über mich verkünden zu
sollen, ohne einen direkten Auftrag von mir erhalten zu haben.
Sie haben versucht, mit ihrem Ausdruck wiederzugeben, was
ich ursprünglich gesagt habe. Aber es war ihr eigener Ausdruck, ihre Überzeugung, die sie nach außen weitergaben. Sie
glaubten, sie seien berufen dazu, an meiner statt zu sprechen.
Und so haben viele Interpreten meiner Lehre, die euch bekannt sind, meine Spuren im Sand verwischt und ihre eigenen
darüber gelegt! Sie taten dies, ohne klarzustellen und gaben
weiterhin an, in meinem Namen zu handeln und mit meiner
Sprache zu sprechen. Aber dem ist nicht so! Ich bin die Liebe
und es hat mich sehr erschüttert, als ich gesehen habe, was aus
meinem Wort gemacht wurde.

Alles will ich neu gestalten, alles was verfälscht ist, will ich hinwegfegen, denn es ist nicht in meinem Sinne, wie ich verkauft werde und wie es heute vermehrt geschieht. Mein Name, den sie mir gegeben haben, steht nicht für mich und meine Wahrheit. Deshalb will ich hier klarstellen, was ich mit meinem Leben ausdrücken wollte. Ich will hier meine Wahrheit mit meinen Worten schreiben, mit Worten der Liebe, mit jener Liebe, die ihr außer Acht gelassen habt.

Aber jetzt bin ich mir ganz sicher, dass durch meine geliebte Seelenpartnerin, die auf Erden auch meine von ganzem Herzen geliebte Gefährtin war, meine persönliche Wahrheit direkt zu euch gebracht wird. Sie hatte sich bereit erklärt, euch zu helfen, auch auf die Gefahr hin, dass sie nicht ernst genommen oder verhöhnt wird.

Ich tue es jetzt ein letztes Mal in dieser Form, ich spreche zu euch, um zu bewirken, dass ihr erwacht aus eurem tiefen Schlaf des Vergessens!

Überall brennen die Feuer, seht ihr sie nicht? Ihr schlaft mitten drin, als wenn es diese nicht gäbe. Aber diese Feuer fressen sich langsam zu euch durch und wenn sie sich treffen, angetrieben durch ein einziges Motiv, den Hass, dann sind sie nicht mehr zu löschen, ohne verheerende Schäden zu hinterlassen. Deshalb seid jetzt wachsam. Schaut euch tief in das Herz hinein und fragt euch: „Wo kann dieses Feuer auch in mir die Verbindung zu sich selbst finden?" Reißt diese Stelle aus euch heraus, dann wird das Feuer in euch nichts mehr vorfinden, das es mit in den Brand hineinziehen könnte, um es sich einzuverleiben und euch so zu einem Teil von sich selbst zu machen.

Scheut euch nicht, den direkten offenen Weg mit euch selbst zu gehen!

Euer Zuhause, euer Leben hier, ist wie ein Haus, das instandgehalten werden muss, um nicht zu verrotten. Und genau wie so ein Haus benötigt euer Tempel, euer Körper ständige Reinigung von innen wie auch von außen.

Nun wisst ihr zwar, wie es geht, euch von außen rein zu halten, aber wisst ihr auch, wie ihr euer Inneres reinigen könnt? Ich gebe euch hier ein einfaches Mittel in die Hand, um euch zu reinigen. Ich gebe euch das Wasser des Lebens, ich gebe euch auch zur Behebung der stärkeren Verschmutzung das richtige Reinigungsmittel dazu. Ihr müsst wissen, der Atem ist das Wasser des Lebens, das euch ständig durchfließt. Er verbindet euch mit eurem göttlichen Selbst.

Nun fühlt euren Atem, atmet tief ein und aus. Legt euch in diesen Atemfluss hinein, fließt mit ihm mit und macht euch bewusst, er ist die Liebe, die euch gegeben wurde, damit ihr hier eure erneute Chance leben zu dürfen, erleben könnt.

<u>Beim Einatmen sprecht in Gedanken:</u> „Ich atme ein, die Liebe und die Gnade meines Schöpfers."

***Beim Ausatmen sprecht in Gedanken: "Ich lasse jetzt
alles los, was nicht dieser vollkommenen Liebe entspricht. "***

Zusätzlich macht euch mit eurem Geist bewusst, das es so
geschieht und bekräftigt es mit eurer bildlichen Vorstellungskraft, wie ihr dieses Wasser des Lebens aufnehmt und euch
damit vollständig füllt. Ihr werdet es fühlen.

Wenn ihr euch das einverleibt habt, wird es ein sich selbst
erfüllendes Gut in euch hinterlassen, ohne dass ihr ständig
daran denken müsst.

Anders verhält es sich mit der weitverbreiteten Meinung,
durch ständiges einfaches Herunterleiern eines bestimmten
Wortgefolges könne eine persönliche Schuld getilgt werden.
Wenn ihr das glaubt, habt ihr euch getäuscht. Ja! Durch Selbsttäuschung kann nichts aufgehoben werden, was in euch steckt.
Die ist auch das Gift, das herausgezogen werden muss, um
nicht noch größeren Schaden in euch anzurichten. Steckt ein
Giftpfeil in euch, so muss er entfernt werden und zwar genau
dieser und nicht einfach ein beliebig anderer Pfeil, der aber
ohne Gift ist. Also, es nützt nichts, wenn ihr von einem Giftpfeil durchbohrt auf der Erde hockt und betet. Ihr müsst ihn
schon selbst herausziehen oder zumindest dafür sorgen, dass
es von einem Mitmenschen übernommen wird, den ihr darum
gebeten habt, weil ihr selbst es allein nicht mehr vermögt.

Gebote, die gegeben wurden um des Gebietens willens,
stehen entgegen meiner Auffassung von Aufklärung. Ja, ich

kläre auf und erhelle, was dunkel ist. Ich gehe in eure tiefsten Fallgruben hinein und ich verändere so an Ort und Stelle. Ich frage euch: Was nützt es einem Schaf, das in die Fallgrube eines Fallenstellers gestürzt ist, wenn ich oben auf der Grube für es bete? Ich sage es euch: „Gar nichts!" So gehe ich hinein und ich hole es heraus, damit es weiterleben kann. Deshalb fordere ich euch auf, betet nicht scheinheilig, wenn ihr der Not gegenüber steht. Handelt! Setzt euch in Bewegung und zwar direkt und zielgerichtet. Handelt aus euch heraus, um zu helfen.

Wenn ihr mich verehrt und mich liebt, so handelt wie ich gehandelt habe: An Ort und Stelle und direkt!

„ Die Substanz der Mission „

Ich bin der, der ich Bin, der Eine, der inmitten von vielen seine persönliche Lebensaufgabe leben wollte und diese Aufgabe bestand vor allem darin, Liebe und Vergebung des Vaters persönlich und lebensnah an meine Mitmenschen zu übergeben. Das Seelenheil der Menschen war mir schon immer das wichtigste Anliegen und ich will und ich werde sie daran erinnern, wer sie wirklich sind. Meine Mission war eine Herzensangelegenheit von mir, da ich mich immer schon sehr gern für die Seelen-Kinder eingesetzt habe, die sich als Menschen auf der Erde verkörperten. Da sie sich dessen aber nicht bewusst waren, konnten sie sich nicht vom Würgegriff der Blindheit, der Taubheit und der Unwissenheit befreien. Sie glaubten, nichts an ihrem Los verändern zu können, sagten, dieses Los sei ihnen vorbestimmt durch das Schicksal bzw. durch Gott. Aber das war die einfachste Lösung für die weltlichen Machtherrscher, um die Menschen beliebig führen und manipulieren zu können, als es mit selbstbewussten Menschen zu tun zu haben, mit Menschen, die sich ihrer unsterblichen Seele und ihres wahren Potentials bewusst waren. Sie glaubten, wenn sie ihren Körper verlieren, wäre alles aus und so taten sie alles, um diesen Körper und seine einseitigen Ego-Ansprüche zu befriedigen. Und so regierte der menschliche Verstand, das negativ programmierte Ego, über den göttlichen Kern und verdeckte diesen, so dass er nicht mehr sein ursprüngliches Licht aussenden konnte.

Als der Vater mich zur Erde sandte, um meine freiwillige Mission zu übernehmen und zu erfüllen, wurde es mir völlig freigestellt, wie ich diese Aufgabe leben wollte. So entschied ich mich auch ebenso freiwillig dafür, ein Menschensohn zu werden. Somit konnte ich alle Erfahrungen als Mensch machen, um euch gleich zu sein, um zu empfinden wie ihr empfindet, um besser verstehen zu können, welche Emotionen ihr als Menschen durchlebt. Ich fühlte den Schmerz wie ihr und ich fühlte ebenso die Freude.

Und als ich geboren und als Mensch verkörpert war, wussten Eingeweihte von meiner Ankunft und sie machten sich auf, um mich zu betreuen, weil es bereits vorher so auf der geistigen Ebene zwischen uns abgesprochen war. Aber genauso wie sie es wussten, war es der Schattenseite ebenfalls bekannt und auch deren Helfer kamen zu mir. Ich hatte auch Verabredungen vor meiner Inkarnation mit anderen Brüdern des Lichtreiches getroffen, denen ich dann auch später während meines Wirkens begegnet bin. Diese Brüder wussten um meine Mission und standen mir mit Liebe zur Seite. Doch das Gegengewicht, die dunkle Seite und ihre Helfer waren sehr stark vertreten und sie besaßen große weltliche Macht und Einfluss.

Meine ursprüngliche, freiwillig übernommene Lebensmission als Lehrer und göttlicher Botschafter auf der Erde geriet so letztendlich durch politische und religiöse Einflüsse aus den Fugen. Ich habe meine geliebte Familie verloren, alles wurde abrupt abgebrochen. Da ich aber Mensch war, bedeutete es mir sehr viel. Und es ist die Unwahrheit, wenn berichtet wurde, das sei alles genauso von mir geplant gewesen. Dem ist nicht so!

Das jüdische Volk hatte auf einen Erlöser gewartet, der es von der römischen, tyrannischen Besatzungsmacht befreien sollte. Die Menschen dort waren Sklaven im eigenen Land. Doch sie haben einen Messias erwartet, der sie mit Gewalt, mit dem Schwert in der Hand oder zumindest mit göttlicher Übermacht, befreien sollte. Da der göttliche liebende Vater einen solchen Befreier niemals gesandt hätte, habe ich ihnen zeigen wollen, dass sie einem falschen Glauben anhängen, der sie zu machtlosen Marionetten degradiert hat. Ich wollte ihnen den Weg der Gewaltlosigkeit zeigen, auch wenn dieser meinen eigenen irdischen Tod fordern würde. Ich war mir über dieses persönliche Risiko im Klaren und ich habe den Weg der Wahrheit gewählt aus Liebe zu meinem Volk und aus Liebe zu allen Menschen.

Ich hätte diesen Weg nicht zu gehen brauchen, wenn ich meine Lehre, die ich verkündet habe, offiziell widerrufen hätte. Vor diesem Zeitpunkt wäre es mir jederzeit möglich gewesen, das Land zu verlassen, um meine eigene persönliche Freiheit zu leben. Doch dieses wäre Verrat an mir selbst und an der Liebe zu meinem Vater gewesen. So nahm ich das Schicksal an, das ich mir selbst freiwillig vorgegeben habe. Die Kreuzigung war damit unvermeidlich geworden, es war meine eigene Prüfung vor mir selbst. So seht, ich bin niemals von meinem Vater geopfert worden, er hat dieses niemals von mir gefordert, sondern die Wahrheit ist: Ich selbst habe es freiwillig aus Liebe zu den Menschen getan und um die Liebe und den Frieden zwischen den Menschen und dem göttlichen Vater wieder herzustellen! So bin ich der Wahrheit treu geblieben.

Ich sage hier nochmals ganz deutlich: Ich wusste, auf was ich mich eingelassen hatte, ich habe dies aus Liebe getan, aber ich habe mich nicht vorsätzlich kreuzigen lassen, und von denen, die mir nachfolgten, habe ich niemals Opfertaten oder Opfertode verlangt!"

Ich wollte jeden einzelnen Menschen mit meiner Botschaft der wahren Liebe erreichen, doch hierfür standen mir zu jener Zeit nur begrenzte Möglichkeiten zur Verfügung, im Gegensatz zu der heutigen Zeit, in der ihr jetzt lebt. Meine Worte wurden auch von vielen Menschen missverstanden und verzerrt weitergegeben, und so stifteten sie Verwirrung, als sie bei den Nächsten ankamen.

Stellt euch vor, ihr macht eine wichtige Aussage, die weitergegeben wird an eine bestimmte Stelle und von dort wird sie erneut weitergegeben. Wenn aber diese Worte von vornherein falsch weitergegeben werden, wird diese Botschaft letzten Endes völlig anders ankommen, als sie ursprünglich gemeint war. Dementsprechend ist dann auch die Wirkung dieser Worte.

Ich fasse hier meine Botschaft, die Substanz meiner Mission nochmals kurz zusammen:

- Sei dir bewusst, dass du für alles, was dir widerfährt, verantwortlich bist.
- Sei dir bewusst, dass du für alles, was du tust verantwortlich bist.
- Sei dir bewusst, dass du für alle deine Gedanken verantwortlich bist.
- Sei dir bewusst, dass alles, was du sendest, unfehlbar zu dir zurückkommt.
- Sei dir bewusst, dass du ein ewiges Seelenkind Gottes bist.
- Sei dir bewusst, dass du in deinem tiefen Kern reine Liebe bist.
- Sei dir bewusst, dass du eins bist mit deinem Schöpfer und eins mit allem, was da ist.
- Sei dir bewusst, dass du zurückkehrst in deine geistige Heimat, wenn du alle deine irdischen Aufgaben erledigt hast.
- Sei dir bewusst, dass du Schöpfer deiner eigenen Welt und Realität bist.
- Sei dir bewusst, dass du alles, was du deinem Nächsten antust, dir selbst antust, du wirst es erleben.

Seid stets auf der Hut vor den eigenen unbewussten negativen Kräften in euch und um euch herum!

Der Vater wird von vielen Menschen allein verantwortlich gemacht für alles Leid auf der Welt und für die persönlichen Probleme der Menschen. Dieser Irrglaube basiert auf gezielte Lügen von jenen, die die Macht dadurch an sich reißen wollen. Das Ziel dieser ganzen Aktionen ist es aber, eine Zwietracht zu säen, die einen tiefen Graben gräbt, der dann so mächtig ist, dass der Mensch meint, er schafft es nicht mehr in die Arme des Vaters zurückkehren zu können! Und wenn der Mensch fern von Gott ist, ist es dunkel und düster um ihn herum. Ohne den Glauben und die Nähe zu Gott lebt der Mensch in völliger Dunkelheit. Dann greift er in seiner Not zu jedem Strohhalm, der ihm gereicht wird und sieht nicht mehr, wer ihm diesen reicht! Und so ist er beeinflussbar für die Einflüsterungen der dunklen Seite, der es völlig egal ist, was aus dieser Seele letztendlich wird.

Ich sage dir Mensch, und ich spreche jeden einzelnen von euch hier gezielt und direkt an, bleibe bei dir und in dir, mit deinem Glauben an deinen Schöpfer. Schaue dir genau an und sei sehr kritisch, wenn dir hinter dem vorgehaltenen Deckmantel, einer Gemeinschaft oder einer Organisation die Mitgliedschaft dort angeboten wird. Ein Mitglied in dieser Form zu sein, bedarf einer besonderen Prüfung, vorab durch dich selbst.

Was bedeutet es für dich, welche Rechte und Verpflichtungen hast du dort mit deiner eigenen Person einzubringen? Bleibst du absolut frei, was deine Lebenseinstellung und deine persönliche Situation anbetrifft?

Ich sage dir, bleibe lieber frei und führe neben anderen Gleichgesinnten dein Werk aus. Damit meine ich eine Kooperation miteinander, bei der sich keiner erhöht, oder sich als etwas Besonderes hervortut, sei es als Sprachrohr, Prophet oder auch selbsternannter Guru.

Es ist nicht von Nöten sich einem anderen zu unterwerfen, ihm die Füße zu küssen. Es sei denn, das ist ein reines freiwilliges Zeichen deiner Ehrerbietung einem anderen gegenüber.

Da sind viele, die sagen, sie seien Vermittler zu mir, und viele sagen, ich würde durch sie zu euch sprechen. Die Einteilung in Kategorien, in Gesellschaftsformen oder Schichten billige ich nicht. Keiner hat das Recht, der im menschlichen Kleid ist, seinen Nächsten zu sagen, er allein habe das Recht oder den Status, zwischen mir und euch sowie zwischen Gott und euch zu vermitteln. So bin auch ich nicht der notwendige Vermittler zwischen dem göttlichen Vater und meinen Mitmenschen. Nein, ich war und ich bin euer Bruder, der euch helfen will, der euch den Weg zeigen will zurück zum Vater, dem wahren Schöpfer allen Lebens in Liebe.

Mir ging es niemals um die Hervorhebung meiner Person, ich war und ich bin nur einer unter den Kindern unseres Vaters, der alle seine Kinder gleichermaßen liebt. Ich habe mich zur Verfügung gestellt, eine bestimmte Aufgabe durchzuführen - nicht mehr und nicht weniger. Und ich tat es nach meinem besten Wissen und Gewissen.

Ich wende mich hier an alle Menschen und nicht an besondere Elitegruppen, die meinen, sie würden mit ihrem Wissen über den anderen stehen. Ich spreche zu euch mit der einfachen Sprache, damit ihr mich alle versteht. Ihr braucht keine Vermittler zwischen mir und euch. Und ich weiß, alle können mich verstehen, wenn ihr die Augen aufmacht, um zu lesen und die Ohren, um meine Worte zu hören.

Lest den blinden Mitmenschen meine Worte vor und zu den Tauben sprecht meine Worte in ihrer besonderen Sprachform. Wendet euch euren Mitgeschöpfen zu, den Tieren, und seid gütig zu ihnen, so wie ich gütig zu euch bin.

Ehrt die Natur und beschützt das Leben in jeder Form. Es ist höchste Zeit umzudenken und in Liebe zu handeln!

Nehmt euch doch mal die Zeit, um die Erde genauer zu betrachten. So werdet ihr erkennen, dass sie als ein lebendiges Lehrbuch Gottes mit all Ihren Lebensformen für den Menschen geschaffen wurde!

Die Natur steht dem Menschen als Ratgeber des wahren Lebens zur Verfügung.

„ Der Sündenfall „

Was glaubt ihr, hat der „Sündenfall" zu bedeuten?
Was will er euch sagen?

Der Schöpfer hat euch eine Welt gegeben, in der alles aufs Genaueste aufeinander abgestimmt war. Ein jedes Wesen hatte seinen Platz, wohin es gehörte und wo es die Bedingungen vorfand, um leben zu können. Alles hatte seine Ordnung, alles war bereits angelegt zum Weiterentwickeln aus sich selbst heraus. Die Evolution war in sich selbst angelegt in allerhöchster Weisheit. Doch da waren die Gedanken der Menschen, die da glaubten, sie müssten hinter diese Einheit blicken und sie glaubten, sie müssten diese Einheit verändern nach ihren Vorstellungen, um sich Vorteile zu verschaffen. Doch das Perfekte, das der Schöpfer angelegt hatte, war nicht zu übertreffen. So erschuf der Mensch aus sich selbst heraus. Aber was er da entwickelte, was er Wissenschaft nannte, sagt schon aus, was es bedeutete. Gott ist Weisheit und nicht Wissenschaft!

Der Mensch veränderte die göttliche Perfektion und gab seinen eigenen unvollkommenen Samen hinein. Da begann das Bild sich zu verändern, alles begann sich in eine Richtung zu entwickeln, die vom göttlichen Pfad der Vollkommenheit abwich. Der göttliche Kreislauf war unterbrochen, das Unheil begann. Das Heilsein, das Gott geschaffen hatte, begann auseinander zu driften in einzelne Teile, die nur noch durch den gemeinsamen göttlichen Kern zusammengehalten werden.

Doch was ist, wenn der göttliche Kern sich entfernt und einen neuen Kreislauf aufbaut?

Dann würden die Teile auseinanderfallen und vergehen, denn ohne die Kraft Gottes würde die Menschheit nicht mehr in der Lage sein, zu existieren!

Neugier ist menschlich und bis zu einem gewissen Grad auch fruchtbar. Doch wenn diese Neugier ausartet in blinde Wissensgier und Machtgier, um alles selbst in der Hand zu haben, und um die Herrschaft über alles an sich zu reißen, beginnt der Kreislauf der Verderbnis.

Hätte Gott an die Erde die Technik weitergeben wollen, hätte er es bereits bei der Erschaffung getan. Doch er hat Natur erschaffen, als einen eigenen intakten Kreislauf. Ich frage euch: Was hat die Technik wirklich an Segensreichem gebracht? Damit meine ich für alle Lebewesen und für die Mutter Erde selbst. Beantwortet euch die Frage selbst ehrlich. Die Antwort wird aus eurem Herzen aufsteigen, wenn ihr es zulasst. Nun werdet ihr sagen: Wie soll das gehen, ohne die Technik zu leben? Ich aber sage euch: Wenn der Mensch nicht Vernunft annimmt und in den göttlichen Kreislauf der Liebe zurücktritt, wird ein Plan in Kraft treten, der genau diese Rückbildung zum Tragen bringen wird. Natur wird wieder zu Natur!

Die göttliche Idee der Liebe untereinander wird immer dafür einstehen, die Gemeinschaftlichkeit zu unterstützen. Doch da ist die andere Seite, die der Mensch in sich oft zugelassen hat, die ausgrenzt und verurteilt. Sie gibt einige bestimmte vermeintliche Mittel vor, aber diese werden dann von einigen Wenigen benutzt, um die anderen, die das nicht haben, zu beherrschen oder auszunutzen. Wem eine Waffe gegeben wurde, hatte die Macht über den anderen, der diese nicht zur Verfügung hatte.

Aber merkt euch eines: Alles was Gott gibt, wird immer allen dienen, er gibt an alle. Er bevorzugt keine einzelnen, damit sie anderen überlegen sind!

Das könnt ihr sehr gut sehen an meinem Beispiel, meiner Verkörperung als Jesus Christus. Gott hat mich zu den Menschen gehen lassen aus Liebe heraus zu mir und gleichsam zu den Menschen. Als Jesus wollte ich sein wie alle anderen auch, ich wollte mitten unter ihnen sein. Ich wollte nicht erhöht sein und nicht mit Macht ausgestattet sein, die mir die Gewalt über alles gegeben hätte. Hätte Gott gewollt, hätte er mich anders ausgestattet. Ich frage euch: Hatte ich als Jesus eine besondere Waffe oder hatte ich zerstörerische Zauberkräfte? Nein, aber ich hatte besondere Kräfte der Liebe, meinen unerschütterlichen Glauben an Gott, mit denen ich helfen und heilen konnte! Ich handelte in der Liebe Gottes!

„ Das Ende der Welt? / Teil II „

Euer Planet auf dem ihr lebt - und auch ich habe ihn lieben gelernt in all seiner Vielfalt und Schönheit - wird weiterexistieren, entgegen aller Voraussagen, die ihn vernichten wollten. Aber die Frage ist nur die: Wer von euch wird mit der Erde weiterexistieren und wer von euch wird dorthin zurückkehren, von wo er einst kam, und vor allen Dingen, wie wird die neue Umgebung dann aussehen?

Eine Matrix kann sich jederzeit verändern und verschieben, das ist nichts Besonderes. Und es wird so geschehen von einer Sekunde zur anderen. Vieles wird von Sehern und spirituellen Lehrern angeboten, um euch darauf vorzubereiten. Ich aber sage euch: Es wird euch nichts nützen, sich nur darauf vorzubereiten. Denn niemand außer unserem Vater weiß, wie seine nächsten Schritte sein werden. Auf was wollt ihr euch da vorbereiten? Planungen und Strategien sind hier von absolut keinem Nutzen. Denn das sind Instrumente des menschlichen Intellektes, eures menschlichen Ichs, das dann diese Strategien aus reinem Eigennutz heraus, anwenden will. Aber das Gericht ist in euch selbst angelegt, und danach richtet ihr euch selbst! Mit wem müsst ihr euch also folglich als erstes auseinandersetzen? Ja, mit eurem tiefsten Selbst! Eure Seele ist auf Ausgleich programmiert, das wisst ihr ja zwischenzeitlich, also beginnt mit der Ehrlichkeit zu euch selbst.

Schaut euch tief in die Seelenaugen und macht euch bewusst, dass jede Sekunde eure Schule des Lebens aus sein kann. Wenn der Klingelton ertönt, ist der Unterricht zuende, die Schule ist aus, ihr könnt nicht mehr bleiben und ihr müsst dann nach Hause gehen. Dann zählt nur das, was ihr bis dahin gelernt habt! Es werden nur die Arbeiten gewertet, die ihr bis dahin fertiggeschrieben habt. Der Notendurchschnitt, den ihr bis dahin erreicht habt, ist dann das Endresultat für dieses Schulleben.

Bedenkt eines ganz genau: Auch die Erde ist ein atmendes Lebewesen, dass euch auf ihren Schultern trägt. Sie ist durchdrungen von Blutadern, atmet ein und aus und sie gibt freiwillig an euch ab, damit ihr von und auf ihr leben könnt. Doch was macht ihr? Ihr nehmt und beutet sie aus, missbraucht sie, betoniert sie zu, so dass sie nicht mehr atmen kann. Ihr gebt ihr nichts, oder viel zu wenig zurück. Geben und Nehmen aber ist der Kreislauf, auf dem unser Vater alles aufgebaut hat. Deshalb ist eure Lage bedrohlich geworden. Der Ausgleich bereitet sich vor. Seht ihr nicht, was überall auf der Erde passiert und wenn sie kippt, habt ihr kein Zuhause mehr und ihr werdet jammern und schreien, doch dann wird es zu spät sein. Also, tut jetzt alles, was in eurer Macht steht und zwar geistig als auch aktiv, um dieses zu verhindern.

Erinnert euch an die Macht der Masse!

Lasst euch nicht blenden, wenn es darum geht, mit dieser Macht Lösungen zu erwirken, die letztendlich für euch alle gleichsam Positives bewirken kann, nämlich dass wirklich daran gearbeitet wird, das Gleichgewicht wieder herzustellen. Dabei helfen aber nicht faule Kompromisse und feierliche Versprechen seitens der Verantwortlichen, es muss von eurer Seite aus kontrollierbar sein und ihr müsst dafür sorgen, dass die Ausführungen dann auch wirklich stattfinden! Hütet euch vor dem Gerangel der Gruppeninteressen untereinander. Es kann nicht sein, dass in einem so wichtigen Punkt, der euch alle ausnahmslos gleich betrifft, darüber gestritten wird, welche Gruppe welches Resultat für sich erwirken kann. Die Einigkeit ist hier gefragt. Ohne Einigkeit wird es kein endgültiges veränderndes Resultat für die Weltlage geben. Das gemeinsame Ziel gilt es zu erkennen.

Ich frage euch: „Kann es ein wichtigeres Ziel geben, als euren Planeten für euch alle zu erhalten?"

Schaltet euer Herz wieder ein, schaltet es ein, damit die Klarheit über alles kommt. Lernt wieder zu sehen und lernt wieder zu fühlen! Bringt euer Herz wieder zum Brennen, lasst es nicht verkümmern. Seid bereit, und löst euch endlich von den negativen zerstörerischen Eigenschaften in euch, ansonsten werdet ihr den Untergang der euch bekannten Welt hervorrufen! Und ich sage euch: Wenn ihr euch eurer Verantwortlichkeit bewusst wäret, würdet ihr auch dafür Sorge tragen, dass sich auf diesem Planeten der Bevölkerungszuwachs so verhalten würde, dass immer genug Platz für alle vorhanden ist. Denn dann würden sich nur Menschen zur Zeugung zusammenfinden, die aus wahrer Liebe zueinander und nicht aus sexueller Begierde heraus handeln würden. Und wenn ihr es schon nicht schafft, nur auf diese Art und Weise miteinander zu verkehren, solltet ihr verhüten, denn ihr könnt nicht sagen, das überlassen wir Gott.

Der Vater hat euch allen den freien Willen gegeben, damit ihr frei und erwachsen seid und vor allem, damit ihr selbstverantwortlich handeln könnt. Aber wer in der Lage ist, für sich und seine Handlungen die Verantwortung zu übernehmen, tut dieses dann auch gleichermaßen seiner Umwelt gegenüber. Und so wird er auch sehen, dass die anderen Lebewesen, die mit euch auf dieser Erde leben, ebenfalls ihren Lebensraum brauchen und wird so sein Wachstum und das Wachstum seiner Familie in verantwortlichen Grenzen halten.

Ein Mensch, der in Gott ruht, welcher alle seine atmenden Wesen gleichermaßen liebt, wird aus sich heraus immer richtig handeln!

Wenn ihr ein Kind in diese Welt ruft, müsst ihr auch in der Lage sein, für dieses Kind sorgen zu können bis es erwachsen ist, auf eigenen Beinen stehen und für sich selbst sorgen kann. Schaut, die Tiere in der freien Wildbahn, sie haben es euch doch schon längst vorgemacht. Der Schöpfer hat niemals vorgeschrieben, wie viel Nachkommen ihr haben sollt, noch hat er es euch verboten, zu verhüten. Hätte er das getan, hätte er euch nicht den freien Willen geben können. Doch da dieses niemals sein Wunsch war, sage ich euch, fangt endlich damit an, die Liebe so zu leben, wie sie vom Vater gemeint war und wie ich es an euch weitergegeben habe. Liebt einander, so wie ich euch geliebt habe und es immer noch tue. Und damit habe ich schon immer die Tierwelt und die Natur miteingeschlossen, denn merket euch erneut: „Alles ist Eins!" Da ist keine Trennung zwischen Gott und euch und keine zwischen euch und den Tieren sowie der Natur. Was ihr euren Nächsten antut, tut ihr euch selbst an und somit auch Gott.

Jeder lebt genau dort, wo er sein wollte! Also, wenn ihr in einem der wohlhabenden Länder der Erde lebt, habt ihr euch andere Hauptlebensaufgaben gesetzt, als diejenigen, die in einem armen Land leben. Nichts ist Zufall! Wichtig ist die Toleranz untereinander! Der Starke kann den Schwachen unterstützen, ihn fördern, ohne dass der Schwache zu einem einseitig Nehmenden wird.

Hungernde Menschenbrüder und Schwestern, die neben euch leben, sei es in der Nachbarschaft, sei es in anderen Teilen der Welt, sollten euch wirklich interessieren und ihr solltet wahrhaftig darum bemüht sein, ihre Lebenssituation zu verbessern. Aber indem ihr ihnen zu essen gebt oder sie mit Kleidung versorgt, ist das immer nur eine Hilfe, die zwar gut gemeint ist, doch letzten Endes keine bleibende Veränderung bringen wird. Hier muss zusätzlich eine Bewusstheit weitergegeben werden, die direkt von diesen Menschen verarbeitet werden kann und die sie annehmen können. Es muss ihnen durch euch gezeigt werden, dass auch sie verantwortlich sind. Erst dann kann eine nachhaltige Veränderung stattfinden!

Lebt ihr in einem „reichen" Land, so könnt ihr auch dafür sorgen, dass ihr bewusst umweltfreundlich einkauft und ebenso entsorgt. Übernehmt auch hier Verantwortung, unterstützt die Herstellung von umweltfreundlichen Produkten. Meidet den Kauf derjenigen Produkte, die aus Massentierhaltungen entstanden sind. Unterstützt z.b. mit eurem Kauf den biologischen Landbau in eurem Heimatland sowie auch in anderen Ländern. Haltet Rücksprache mit euren Mitmenschen, die ihre Tiere nicht artgerecht behandeln oder sogar misshandeln. Es ist die Achtlosigkeit der Umwelt gegenüber, die großes Leid mit sich führt.

Dazu möchte ich euch eines von vielen Missetaten vor Augen halten: Der Boden wird weltweit mit chemischen Mitteln gedüngt, wird so vergewaltigt und ausgeraubt. Mit der Zeit wird er so kraftlos und er muss immer aggressiver gedüngt werden. Der Boden der Erde ist lebendig und kann nur so viel Ertrag geben, wie es für ihn natürlich vorgesehen war und er braucht seine Zeiten der Ruhe und der Erholung. Wenn ihr daran gehindert werdet, zu schlafen, wie würde es euch dann gehen. Ihr würdet mit der Zeit so erschöpft sein, dass ihr nicht mehr in der Lage wärt, zu leben. Deshalb seid auch hier bereit, zur Einfachheit zurückzukehren. Nehmt die Früchte, die euch die Natur bereitwillig anbietet. Essen bedeutet in seiner Ursprungsform, den Körper mit den Stoffen zu versorgen, die er benötigt, um seinen Dienst hier auf der Erde erfüllen zu können.

Ich möchte an dieser Stelle auch meine eigene Stellungnahme abgeben über den Verzehr von Fleisch! Der Mensch ist von Natur aus keineswegs dafür bestimmt, Tiere zu töten, damit er sie anschließend verzehren kann und es war auch nicht vorgesehen von unserem Schöpfer. Er hat die Tiere geschaffen zur Freude des Menschen und nicht, damit er diese ausbeutet und tötet. Die Natur hat eine so große Vielfalt an Gemüse und Obst zu bieten, Getreide u. v. m., dass die Menschen davon satt werden könnten, wenn nicht ein Großteil davon an jene Tiere verfüttert werden würde, die wiederum vom Menschen aufgegessen werden. Dieses ist ein völlig unnötiger und dazu grausamer Kreislauf. Erinnert euch auch hier daran, dass ihr Geistwesen seid, die einen Körper haben und diese Geistkinder sind keinesfalls darauf angewiesen, sich von dem Fleisch getöteter Tiere zu ernähren. Dieses Verhalten und dieser Glaube ist eine rein überlieferte Gewohnheit und Bequemlichkeit.

Stellt euch vor, ihr müsstet das Tier, das ihr verspeisen wollt, selbst töten und müsstet ihm in die Augen sehen. Ich sage euch: Viele von euch, würden ab diesem Augenblick kein Fleisch mehr essen! Nun verurteilt aber auch nicht diejenigen, die davon nicht lassen können oder jene, deren Beruf es geworden ist, Tiere zu töten. Sie tun es meist im Auftrag von denjenigen, die das Fleisch verzehren wollen.

Ich bin mir bewusst, dass viele von euch nicht wissen was sie tun, doch das ist kein Freibrief, denn ein jeder ist für sich selbst verantwortlich!

Meine Liebe gehört auch den Tierwesen, sie sind eure übernächsten Verwandten. Könnt ihr sie nicht ebenso lieben wie ich es immer schon getan habe? Sie schenken sich euch, sind freiwillig hier. Behandelt sie als liebende freie Wesen.

Bedenket noch einmal ganz genau, was ich hiermit sagen will: Solange ihr diese Wesen quält, sie misshandelt - dazu zähle ich auch die Tierversuche, diese unnötigen grausamen Handlungen - werden immer neue Plagen auf euch fallen, solange, bis ihr begreift! Wer eine Ursache setzt, wird auch die Wirkung erleben.

Ich habe euch hier die Wahrheit vor die Augen gebracht, damit ihr sie sehen könnt und ich habe euch auf alle Konsequenzen eurer Handlungen hingewiesen. Ich bitte euch, schließt euch dieser Wahrheit an und verschließt nicht länger eure Augen. Denn was nützt es euch, wenn ihr euch selbst etwas vormacht, ihr betrügt euch selbst um die Süße des Lebens. Zurück zur Natürlichkeit ist auf all euren Lebenswegen und Gebieten eine Chance zur Wiedergutmachung. Die Natur versteht es nicht, wenn sie mit Gewalt dazu gezwungen wird, aus ihrem natürlichen Gleichgewicht heraus zu fallen.

„ Die Botschaft des Vaters / Teil II „

Oh, ihr Menschen, hört meine Botschaft: Es ist die letzte Chance. Ich bin es müde geworden, immer wieder zu euch zu sprechen, und ihr hört meine Stimme nicht. Sterne werden geboren und Sterne lösen sich wieder auf, so ist der Lauf des Universums, so ist der Lauf allen Lebens. Weil ich aber in Gnade auf euch blicke, seid ihr noch nicht vergangen, weil ich euch meinen Odem eingehaucht habe. Doch die Liebe, die aus meinem Herzen hernieder fließt wie der Strom von feuriger Lava, wird sich ebenso erschöpfen, wie ihr es von einem Vulkan her kennt.

Ich sage euch: Da ist Dunkelheit genauso wie mein Feuer, wie mein Licht, und dieser dunkle Strom ist eiskalt, er wird euch nicht mehr wärmen, wie es meine Liebe tut. Doch so wie ich die ewige Wahrheit bin, muss ich mich an die Gesetze des Universums halten, da ich diese Gesetze geschaffen habe. Und diese funktionieren präzise wie ein Uhrwerk, das für ewig aufgezogen ist und seine Arbeit tadellos selbständig verrichtet.

Ich liebe euch, meine Geschöpfe, aber es ist an der Zeit, euch eindringlich zu ermahnen, mit eurem Treiben der gegenseitigen Vertreibung aus meinem Paradies sofort aufzuhören. Ich habe alles als ein wunderbares, auf gegenseitiger Liebe und Toleranz aufgebautes, intaktes Erdenparadies geschaffen und ihr habt daraus ein ausgebeutetes Tollhaus gemacht. Die Erde kann nicht mehr atmen. Die Wesen der Freiheit, die sie mit euch teilen sollten, werden von euch gnadenlos vertrieben und ihr hört nicht auf, noch mehr Wunden zu schlagen. Die Tiere, die ihr geschaffen habt aus meinen freien Wesen heraus, benutzt ihr und ihr quält sie und ihr beutet sie aus genau wie eure eigenen Artgenossen.

Halt! Meine Geduld ist erschöpft!

Sehe ich keine Änderung und keine Reue in der von mir gesetzten Zeitform, werde ich eingreifen und ich ziehe meine Botschafter zurück, so dass dann niemand mehr sein wird, der euch die Hand geben kann, um in meinem Namen zu euch zu sprechen.

Lasst es nicht tatenlos zu, dass die Dunkelheit euch umfängt und euch vom Licht abhält, denn nur das Licht ist meine Hand und mein Atem ist der Wind. So wie ihr es von euch kennt, wenn ihr zu müde seid zum Atmen, schlaft ihr ein und ich beatme euch weiter, so kann es immer weiter gehen, wenn ihr es zulasst. Nur wenn ihr euch mir verweigert, kann ich euch nicht mehr meinen Atem schenken und ihr werdet vergehen wie die Sterne, die verglühen.

„ Die Rückkehr der Erinnerung „

Legt die Waffen nieder und kommt her zu mir!

Viele von euch, die ihr hier auf der Erde als Menschen lebt, habt lange Zeit mit unserem dunklen Bruder zusammen gelebt, ohne dass ihr euch dessen bewusst wart. So habt ihr Anteile der dunklen Seite in euch aufgenommen, ihr braucht diese nicht draußen zu suchen, sondern immer nur in euch selbst. „Also, verurteilt nicht, denn ihr seid selbst das Urteil!" Das ist eine Wahrheit. Die andere Wahrheit ist es, das Gott euch schon längst verziehen und aufgerufen hat, zu ihm zurückzukehren. Dazu bedarf es der gegenseitigen Hilfe und der gegenseitigen Erinnerungen.

Ich war das Zeichen der Versöhnung Gottes mit meinen dunklen Brüdern, die nicht wussten, was sie taten, denn die Dunkelheit war über sie gekommen und versperrte ihnen die Rückkehr zum göttlichen Licht.

Bewahrt euch das eigene Bewusstsein, reinigt es mit dem Licht der Erkenntnis, das neu unter euch gebracht wird!

Ihr gehört vom ersten Tag an zur Schöpfung Gottes auf Erden und ihr habt die Erde in all ihrer Schönheit, Pracht und Liebe erlebt. Deshalb ist es so schwer zu verstehen, dass ihr es zugelassen habt, ohne wirklich einzugreifen, dass dieser Planet zwischenzeitlich schwer geschädigt wurde. Ich bin enttäuscht und traurig darüber, dass ihr euren Kopf senkt und nicht erhebt, und eure Hände tatenlos ruhen. Denn ihr, meine Brüder und Schwestern, die ihr hier lebt, gehört zum Projekt Erde, und habt somit auch eure Lebensaufgaben dementsprechend erteilt bekommen. Also fangt endlich damit an, sie zu erfüllen.

Gott ist Liebe und er hat mit Liebe die Erde erschaffen und mit Liebe wird er sie wieder verwandeln in seinen Garten Eden, in dem seine Geschöpfe in Liebe und Freude zusammen leben werden!

Diejenigen von euch, die ihr den dunklen Bruder unter all seinen Verkleidungen erkennt, sage ich, erinnert euch daran! Gerade ihr könnt am besten helfen, denn ihr kennt seine zahlreichen Tricks. Traget das Licht in die Dunkelheit, dann könnt ihr ihn besiegen, ihr habt wirklich die Macht, ihn auf Erden zu besiegen, damit er frei von dannen ziehen kann. Frei, so wie ihr frei sein solltet! Einer seiner Tricks ist es, den Menschen den Glauben an Gott zu nehmen, ihnen weis zu machen, es gebe ihn und auch Gott nicht. Oder er gibt Lügen weiter, wie z.B. der Mensch lebe nur einmal. Er jagt ihnen Ängste ein, sagt Unwahrheiten wie: Alle deine Mühe gut zu sein, nützt dir nichts! Nehme dir einfach alles was du willst, was kümmert es dich raube und morde, verurteile und misshandle die Schöpfung Gottes!

Der Verführer würde alles dafür tun, dass euch euer göttlicher Kern entzogen werden kann. Das Böse wartet auf euch und es wird immer seinen Preis fordern, wenn ihr euch mit ihm eingelassen habt. Nur ihr wisst den Preis niemals im Voraus, es holt sich seine Bezahlung, wann es ihm gefällt! Aber ich speise euch an den reinen göttlichen Quellen, und das Licht wird in euch dringen und ihr werdet von der Dunkelheit lassen. Ich erschließe euch den Weg in die Freiheit über die Erkenntnis. Nur die Umsetzung muss dann über euch selbst kommen.

Ich bin der Weg, nur ihr müsst freiwillig kommen. Hier bin ich! Ich bin für euch da! Und weiter sage ich euch: Wenn ihr auf meine Worte vertraut, will ich euer Hirte sein und werde euch auch aus der finstersten Grube befreien, denn mein Stab gibt euch Licht und Halt. Mensch erkenne, es gibt nur einen Weg, der zum Vater führt! Meine Licht-Brüder und ich wirken gemeinsam. Es gibt zwar nur den einen Weg, aber jeder von uns begeht ihn mit seinem ganz persönlichen Stil.

__Hier an dieser Stelle möchte ich euch eine Geschichte erzählen:__

Ein junger Mann wollte in seinen Seelengarten, doch die Tür dahin war bereits offen, als er sie aufschließen wollte. Er trat hinein und sah an seinem Tisch eine vermummte dunkle Gestalt, dort sitzen. Er fragte ihn, wer er sei und wie er da hineingekommen wäre. Daraufhin schauten sie sich an, und seine Blicke erfassten, einen alten mageren Mann, mit dunklen Augen, faltiger grauer Haut und er hatte weiße Haare.

Eine große Kälte ging von ihm aus und er sagte: „Ich kann überall hineingehen, ich brauche keinen Schlüssel. Ihr Menschen seid es selbst, die mir, ohne das es euch bewusst ist, Einlass gewährt, in euer inneres Selbst, eure Seelenwohnung. Ich will den Schlüssel der göttlichen Liebe haben, den du im Herzen trägst!" Der junge Mann erwiderte: „Weißt du nicht, dass du hiermit gegen meinen freien Willen verstößt und dass du ihn mir nicht mit Gewalt wegnehmen darfst, und nun gehe wieder." Der Dunkle entgegnete, dass er zwar recht habe und er jetzt gehen würde, aber er sah ihm noch einmal direkt in die Augen und sprach: „Wir wollen doch mal sehen, ob du ihn mir nicht doch noch freiwillig geben wirst. Sei sicher, ich bin stets um dich und ich nutze jede Gelegenheit aus, wieder in deinen Bereich zu kommen. Ich existiere schon von Anbeginn dieser Zeit an und ich bin die dunkle Seite Gottes, abgespalten von ihm."

Was erkennt ihr, nachdem ihr diese Geschichte gelesen habt?

Ich jedenfalls sage euch: Seid immer auf der Hut vor dem Feind in euch selbst!

Dieses Bild dient zur Konfrontation zwischen dir und deinem
Schatten. Du erkennst ihn und kannst dich von ihm befreien.
So kannst du dich wieder in Liebe annehmen und die Trauer
in deinem Herzen als auch deinen Zorn erlösen.

Ich bete jede Nacht,
wenn die Sterne hoch am Himmel stehn,
die klar und hell für mich leuchten
und auf mich nieder seh`n,
ich bete jeden Tag,
wenn die Vöglein Lieder für mich singen,
die freudig meine Ohren vernehmen
und mir die Freude wiedergeben,
die ich einst verloren habe,
aber nun wieder in meinem Herzen
für immer trage,
damit dieses wunderschöne Gefühl
der Liebe in meinem Sein
mir die Kraft und die Stärke verleiht,
die dann empor steigen,
und mir das Tor zur anderen Welt
des Friedens zeigen.
Eine Welt des Friedens und der Liebe,
des Glücks und Geborgenheit,
ohne Kummer ohne Sorgen,
ohne Schmerzen und Leid,
Freiheit für die Seele,
Freiheit für die Ewigkeit.

Sejabri

Ich will euch dabei helfen, totale Erinnerungen wiederzufinden, ich werde euer programmiertes Ego zur Seite stellen, damit er das Tor zum göttlichen Bereich nicht mehr verstellen kann. Das Ziel ist, euch in eine göttliche Harmonie zu bringen mit eurem Körper, eurer Seele und eurem Geist. Dazu gehört auch, dass ihr euch von all den negativen Programmierungen in euch selbst befreit. Nur wer sich an die konsequente Wiedererinnerung seines Gesamtkarmas - die Wiederauferstehung - herantraut, findet dadurch die selbstlose Liebe zu sich selbst wieder. Und nur wer sich selbst liebt, ist in der Lage, die anderen zu lieben.

Spürt die innere Leidenschaft des Lebens, die euch erweckt und die wahre Klarheit über euch bringt. Doch werdet ihr das nicht tun, sterben immer mehr weitere Teile der Liebe in euch selbst, und somit ein Stück Freiheit, das euch den Weg ins wahre Paradies auf Erden zeigt.

Die göttliche Intelligenz will immer helfen und nicht bestrafen, aber ohne Selbsterkenntnis und ohne die Bereitwilligkeit sich helfen zu lassen, geht nichts. Da die göttliche Intelligenz das Böse nicht kennt, ist ihre Hilfe immer der Wahre Weg, auch wenn es für das Verständnis des einzelnen oft nicht nachvollziehbar ist, ohne dabei zu leiden. Aber dann leidet das Ego, weil es sich nicht durchsetzen kann und nicht das Herz, das mit Gott verbunden ist.

Gott ist in allem, was da ist. Du kannst alles in Liebe tun, aber tue es niemals mit Berechnung.

Der liebende Gott befreit dich von allen Schulden,
wenn du es annimmst!

Wenn ihr über andere Menschen Urteile fällt, werdet ihr damit nicht glücklich sein. Ihr werdet es an Gefühlen erkennen, die ihr im ersten Moment nicht zu erklären vermögt, denn es hat damit zu tun, dass ihr euch von Gott entfernt habt. Wenn ihr dann in die andere Welt hineinsehen könntet, würdet ihr ganz deutlich erkennen, wie graue verschleierte Wesen über jeden Menschen einfach ihren Schleier werfen. Viele von euch haben sogar mehrere Schleier über sich hängen, die euren wahren Wesenskern verdecken. Es sind Schleier des Vergessens und da steckt eine Absicht hinter: Sie trennen den Menschen von seinem wahren göttlichen Ich. Wie konnte das geschehen, werdet ihr euch fragen, dass ihr dieses nicht bemerkt habt. So sage ich euch: „Ihr wart nicht wachsam genug!"

Diese Schleier könnt ihr jederzeit entfernen, indem ihr euch an euren Vater wendet, denn durch die Liebe und Gnade Gottes werdet ihr wieder frei sein. Lasst es einfach zu und gebt euch voller Vertrauen hin. Könntet ihr nur sehen, wie unbeschreiblich schön eure wahre Identität ist und mit welcher Liebe ihr umgeben seid!

Der Schleier des Vergessens

Seid achtsam, denn er bringt das Vergessen mit sich und ihr seid
dann in der Dunkelheit der Unkenntnis gefangen.

Etwas schlummert tief in meinem innersten Ich,
es ruft mir zu: „Ich Liebe Dich",
aber ich, ich höre es nicht.

Es streichelt und berührt mein Innerstes
sanft und zart,
gibt mir ein Gefühl, wenn ich es vermochte
wahrzunehmen, dass ich gerne mag,
sogar in der Nacht beschützt und bewacht es mich,
aber ich, ich fühle es nicht.

Es macht sich Sorgen und kümmert sich um mich,
es zeigt mir seine Liebe und gibt mir sein Licht,
aber ich, ich interessiere mich nicht für mich,
ich fühle und ich höre es nicht.

Sejabri

Erinnert euch an eure wahre Heimat, woher ihr alle kommt und wohin ihr wieder zurückgehen werdet durch die Hand Gottes. Diese führt euch - wenn ihr es wollt - freiwillig, ohne Opfer zu verlangen! Und wenn ihr erwacht seid, werdet ihr sehen, dass ihr nicht dafür erschaffen seid, Kriege zu führen und dass ihr nicht dafür geschaffen seid, einander weh zu tun, zu zerstören oder die wunderbare Schöpfung Gottes und seine Wesen zu missachten. Aber das könnt ihr nur sehen, wenn ihr wirklich erkennt, wer ihr seid.

Die schöpferische Macht ist stets in euch, ihr müsst lernen, sie zu beherrschen und sie stets zu zentrieren, ihr klare und präzise Anweisungen zu geben. Es geschieht euch nichts, was ihr nicht selbst verursacht. Ihr lebt in einer Symbiose mit dem Tier in euch, lernt es mit Liebe und Zuwendung zu zähmen, aber seid konsequent dabei. Ihr lebt also hier auf der Erde in einem Materie-Körper und seid somit durch diesen mit euren Tiergeschwistern verwandt. Ein Wesen kann nur in der Materie leben, wenn es sich dieser Materie angepasst hat, also in der äußerlichen Form mit dem vorherrschenden Fluidum identisch ist. Die Kommunikation aber mit dem göttlichen Geist kann nur auf der geistigen Ebene stattfinden.

Seid euch stets eurer göttlichen Kraft bewusst und zentriert sie auf den Augenblick, dann wird euch diese Macht zuteil und euch dienlich sein. Aber kontrolliert stets, wohin ihr sie führt, denn sie kann heilen, aber auch zerstören, nach Gottes Ebenbild. Es gehört große Bewusstheit dazu, diese Macht zu führen. Deshalb haben viele Kinder Gottes davor Angst und verweigern sich ihr, und bleiben so auf der niederen Ebene stecken. Sind sie nur noch dort, leben sie fremdbestimmt und der göttliche Funken ist gefangen, wie in einer kleinen Streichholzschachtel. Wird er nicht freigelassen, erlischt er in diesem Menschen und der Körper ist dann dem Verfall preisgegeben, während der ewige Funke zurückgeht in seinen Ursprung. Der göttliche Geist braucht also diesen Körper, diese irdische Einheit, um hier auf Erden wirken zu können.

Die Seele will vollkommen werden, dazu braucht sie die Erdenleben, oder auch die Leben auf anderen Planeten, um Teile ihrer Selbst zurückzuholen und sie in Licht aufzulösen. Solange Schatten ihrer Selbst zurückbleiben, muss sie erneut zurückkommen, um diese aufzulösen, denn solange das nicht geschehen ist, bleibt ihr die wahre Heimat versagt.

„ Der Stempel der Schuld „

Bereit zu sein ist alles, was ich jetzt fordere von denen, die mir ergeben sind und an mich glauben. Ihr kommt in dieses Leben, um bestimmte Lektionen, die euch in eurer geistigen Entwicklung nach vorne bringen, zu lernen. Selbsthass und Selbstschuld sind unbewusst, und sie wirken, wenn ihr in euren tiefsten Schichten davon überzeugt seid. Ich will, dass die Menschen sich dessen entledigen, was bei euch „Schuld" heißt. Das Wort „Schuld" ist ein menschliches Wort. Damit werden die Menschen unterjocht, sie werden missbraucht und sind somit unfrei. Der Stempel der Schuld wird besonders negativ von bestimmten Machtgruppierungen benutzt, denn ein sich schuldig fühlender Mensch - sei es auch nur subtil - ist leichter zu dirigieren, als ein freier sich selbst liebender Mensch. Anlastung von längst Vergangenem führt zu einer Unterdrückung der Persönlichkeit. Durch diese Ketten gefesselt, kann sich niemand so frei entfalten, wie er es sonst könnte! Wer Liebe und Achtung für sich selbst nicht empfinden kann, kann sie auch nicht an andere weitergeben. Dadurch kommt es zum Rückzug, die Menschen leben nur noch für sich und interessieren sich nicht dafür, wie es den anderen geht. Ich will, dass im Zusammenhang mit mir das Wort „Schuld" aufgelöst wird! Ich kenne keine Schuld.

Wenn ihr Menschen alles freiwillig in Liebe tut, was von euch getan werden muss, dann könnt ihr mit Freude die Früchte eurer Arbeit betrachten! Es gibt keine Schuld, es gibt nur den Ausgleich. Ausgleich ist unfehlbar und gerecht. Jeder einzelne richtet sich durch sein eigenes Gewissen und schafft somit den Ausgleich. Denn was du säest wirst du ernten. Du kannst auf einem kargen Acker, den du nicht liebevoll bearbeitet und bestellt hast, keine reichen Früchte ernten. Wenn du nichts in dich investierst, wirst du auch nichts ernten!

Der Mensch ist dem göttlichen Gesetz von Ursache und Wirkung, dem sich selbst vollziehenden Ausgleich unterworfen. Er kann dem nicht entgegen wirken. Dieser Ausgleich wird automatisch aktiviert, wenn der Mensch beginnt, zu einer eigenen Persönlichkeit zu werden. Der Ausgleich beginnt sich beim Abnabeln von der Mutter, mit dem ersten eigenständigen Atemzug des Menschen, zu aktivieren und er verschließt sich wieder bei dem letzten Atemzug.

Ihr seid hier, um den Ausgleich zu schaffen. Schon allein das ist eine Gnade Gottes. Die Gnade Gottes bedeutet „hier zu sein.“

Vollständiger Ausgleich ist die Befreiung vom „Rad der Wiedergeburt.“

Jeder Mensch bestimmt selbst, wie viel neue Karmasteine er sich auf die Schultern lädt. Mit jedem neuen Karmastein wird das Joch immer schwerer und wenn das Joch zu schwer ist, bricht er unter der Last zusammen. Dann kann die Seele wieder entscheiden, ob sie weiter macht oder ob sie wieder geht. Es obliegt der Gnade Gottes, wer eine neue Chance bekommt.

Da es keinen Zufall gibt, wird die Seele genau dort wiedergeboren, wo sie ihre aktuelle Lebensaufgabe erfüllen kann. Hierzu stehen ihr bereits durchlebte Erfahrungen und ihre ureigenen Potentiale zur Verfügung. Nur ist es meist so, das ihr euch im Laufe eurer Inkarnationen, also in dieser gesamten Zeit, in der sich eure Seelen immer wieder verkörperten, durch diese aufgeladenen Karmasteine zu sehr verdichtet habt und diese Potentiale schwer erreichbar sind. Es geht also darum diese Verdichtungen aufzulösen, den Ausgleich zu schaffen, um sich dann in Liebe annehmen zu können. Die wahre Liebe kann sich dann im Hier und Jetzt in euch manifestieren und dadurch gelangt ihr wieder in einen Zustand, der es euch ermöglicht, euch so zu bewegen, dass ihr gewollte bzw. gewünschte Visionen über euer zukünftiges Leben manifestieren könnt.

Jeder Mensch bringt ja sein karmisches Gepäck aus Vorgängerexistenzen mit sich, wenn er diese Erde betritt. Ihr könnt euch dieses Gepäcks nicht einfach entledigen. Ihr müsst es auspacken und den Inhalt verwerten. Ihr könnt aber auch jeder Zeit lernen, neue Lebensvisionen zu erwecken durch den göttlichen Geist, der alles zum Leben erwecken kann. Aber genau hier beginnt die Verantwortung des einzelnen im Hinblick auf seine Umwelt. Fragt euch: Kann das, was ich mir wünsche, evtl. meiner Umwelt schaden? Schädige niemanden bewusst oder unbewusst. Das ist die einfache Lehre der Liebe! Und wenn es doch passiert ist, so bereut es aus tiefstem Herzen heraus, bittet um Vergebung und sündigt nicht mehr.

Es ist der Wunsch Gottes, dass alle Menschen wieder erkennen mögen, dass sie einen göttlichen Funken in sich tragen, einen strahlenden Kern, der nur so sehr verbaut ist!

Je mehr dieser Kern gesäubert wird, umso strahlender wird er mit der Zeit werden und umso mehr Kraft wird er dann wieder entwickeln, bis die göttliche bedingungslose Liebe im Menschen immer mehr frei gesetzt wird. Denn nur dadurch kommt dann der Erkennungsprozess in Gang, der ganz klar und deutlich macht, welchen göttlichen Ursprungs ihr seid. Dadurch wird soviel Liebe freigesetzt, dass ihr bereits im Hier und Jetzt die Transformation bewirken und erleben könnt. So werden Hass, Missachtung, Neid und Gier transformiert in Liebe, Achtung, Demut und Hingabe.

Ihr braucht für diese Transformation euren irdischen Körper nicht zu opfern, um zum Vater zu gelangen, denn er ist bereits bei euch. So ist er immer in euch und mit euch. Er ist der Weg und das ewige Leben. Ihr braucht ihn nur zu rufen und er ist immer für euch da. Ihr könnt somit Freude und Begeisterung im Bewältigen eures Alltags erleben.

Was auch immer ihr wollt, was sich in eurem Leben für euch manifestieren soll, müsst ihr zuvor ein Teil davon werden."

Ich will euch ein Beispiel dafür geben: Viele von euch leben im sogenannten Armutsbewusstsein. Auch hier wurde behauptet und an euch weitergegeben, das nur derjenige, der arm ist, den Weg ins Himmelreich finden würde. Dieses habe ich niemals so gesagt! Denn alle Menschen sind dem Vater gleich lieb, ob arm oder reich. Es ist nur der Umgang mit der Materie, der letztendlich die bedeutende Rolle spielt. Geld ist nichts anderes als pulsierende Energie, die lebt und im Fluss ist. Schulden hingegen sind gefesselte und festgehaltene Energien. Wenn ihr also in Gedanken der Armut verharrt, seid ihr bereits ein Teil davon! Denn euer Bewusstsein ist der Fluss, aus dem Alles heraus erwächst!

Jeder schafft sich seine eigene Welt und jedem geschieht nach seinem eigenen Schöpfertum. Ihr erhaltet, was ihr euch geschaffen habt. Ihr könnt reich sein, ich gönne es jedem von euch, wenn ihr euch diesen Reichtum erschaffen habt mit weit geöffnetem Herzen. Denn wenn es so ist, so werdet ihr auch andere aus vollem Herzen heraus an eurem Reichtum teilnehmen lassen.

Geiz ist eine Folge der Verhärtung des Herzens und wirkt sich so aus, dass eure Seele, wie ein Vogel, der in einen Stahlkäfig eingesperrt ist, verhungert und verdurstet. Bedenket, eure ewige Seele lebt nur von einer einzigen Substanz, nämlich der selbstlosen Liebe. Deshalb hütet euch vor Aussprüchen, die den Geiz rechtfertigen oder ihn gar verherrlichen. Wäre der Schöpfer geizig gewesen, hättet ihr niemals die üppige Vielfalt und Schönheit auf der Erde erleben dürfen. Aber weil der Geiz, die Habgier, die Machtgier, die Grausamkeit vorhanden sind, erdrücken sie auch die Vielfalt der Liebe

Ich werde mit meiner Liebe die dunklen Festungen, die auf der Erde existieren und in denen ihr eure Schattenanteile zurückgelassen habt, auflösen in das Licht des Vaters. Denn die Reiche werden sich teilen, in ein Licht- und in ein Schattenreich. Die Entscheidung, wo ihr letzten Endes hingehen werdet, liegt ganz allein bei euch. Ich gebe euch meine Hand, um euch dabei zu helfen, die Schatten aufzulösen. Dies ist nur mit der selbstlosen Liebe möglich, die diese Formen transformieren kann. Ihr müsst wissen, dass diese Schattenanteile eurer selbst von außen in anderen Menschen auf euch zu kommen!

Versteht, was mein Wort bedeutet: Liebe deine Feinde und deine Nächsten wie dich selbst!

Das heißt nichts anderes, als: „Liebe deine Schattenanteile wie dich selbst!"

Also sind es oft die vermeintlichen Feinde, die ihr damit erlösen könnt und somit löst ihr gleichzeitig eure eigenen Schattenanteile auf. Denn alles ist Eins!

Mit euren Gedanken, die ihr anderen sendet, trefft ihr euch wieder selbst. Bevor ihr schlechte Meinungen über andere äußert oder etwas Schlechtes über jemanden denkt, so denket erst an euch! Kommt erst mit euch selbst ins Reine, bevor ihr andere beschmutzt. Kehrt zuerst vor eurer eigenen Tür.

Alles, aber auch alles in eurem Leben ist auf Ausgleich ausgerichtet. Eure Taten gebären die Früchte, die ihr letztendlich erntet. Liebet euren Nächsten wie euch selbst, ich kann es nicht oft genug sagen. Wenn ich von dieser Liebe zu euren Nächsten spreche, heißt das aber nicht, dass ihr euch selbst aufgeben sollt und somit Opfer werdet. Mein Leben soll euch nicht als Maßstab für das Eurige dienen. Ich wusste vorher, auf was ich mich eingelassen hatte. Ich habe mein irdisches Leben ganz bewusst der Aufgabe gewidmet, den Menschen die Erkenntnis zu bringen, dass ihre Seelen frei sind.

Lebt ihr jetzt frei? Habt Ihr meine Botschaft wirklich verstanden? Wisst ihr, was wirkliche persönliche Freiheit heißt? Von wem und von was macht ihr euch immer noch abhängig?

Es ist oft der vermeintlich bequemere Weg, der euch dazu verleitet, eure Freiheit aufzugeben. Ich frage euch: Lohnt es sich wirklich? Haltet einen Moment jetzt in eurer täglichen Arbeit inne, geht ganz tief in euch hinein und schaut eure wahre gegenwärtige Lebenssituation unvoreingenommen an: Gefällt euch das, was ihr seht? Geht es euch wirklich gut damit?

Die Antworten darauf können nur von euch selbst kommen, wenn ihr absolut ehrlich zu euch seid! Denn frei sollen die Menschen sein, frei, und wenn ich sage frei, dann im Ganzen, und für alle Zeit! Wer von euch kann heute sagen, er sei frei und wer kann frei nach seinen Gedanken leben und seine Träume und Vorstellungen verwirklichen?

„ Die Erweckung „

Die Herrscher der Schattenanteile wollen verhindern, dass die Heiler sich zusammenfinden, denn nur gemeinsam ist die Stärke da, die notwendig ist, um die dunklen Festungen zu sprengen. Es sind Heiler, die früh genug erkennen werden, dass sie diejenigen sind, die die Macht haben, eine Kehrtwende herbeizuführen.

Erleuchtet euch selbst in einer ruhigen Nacht und erblickt euren liebenden Kern, der freigelassen werden will!

Dieses Bild verhilft dir über deine tiefsitzenden Ängste hinauszugehen, um wieder deinen Mut und deine Freude am Leben wiederzuerlangen.

Ich berühre jetzt mein in mir
verborgenes Sein,
mit meinen Gedanken gehe ich tief
dort hinein.
Es will sich mir zeigen
und freut sich schon sehr,
mit all seinem Glanz,
präsentiert es sich mir ganz,
von seiner schönsten Pracht
und Vollkommenheit,
leuchtet es weit, ganz weit,
weit in die Ferne hinein,
größer als jeder Sonnenschein,
macht es die Dunkelheit,
hell und glänzend rein,
so und nicht anders,
soll es um mich herum
und mit mir sein.

Sejabri

Der liebende göttliche Kern kennt keine Grenzen, er kennt keine Furcht, er kennt die Wahrheit über das Leid auf Erden. Und da er es sieht, fühlt er dieses Leid mit, das in ihm hereinbricht. Trachtet nach der Erkenntnis, warum Unheil über euch kommt, und spürt das Verlangen nach Gerechtigkeit, Freiheit und Gleichheit im Leben. Fühlt diese Anziehungskraft in euch und folgt dem liebenden Schwarm, um gemeinsam, vor allem auch an die Jugend, die Visionen für eine lebenswerte, selbstverantwortliche Zukunft zu übermitteln, und die Begeisterung fürs Leben weiterzugeben. Vermittelt ihnen eure Liebe zur Natur und zu den Tieren, gebt ihnen die totale Erinnerung ihres wahren Selbst wieder. Erinnert euch an eure Verantwortlichkeit und helft den Kindern und Jugendlichen, denn sie könnten eure Väter, eure Brüder, oder eure Mütter sein, die euch wieder ins Leben bringen und begleiten. Jugendliche, die auf der Suche nach Liebe sind, rutschen ohne eure Begleitung oft ab, in schwarze Messen, Okkultismus, blinden Glauben, in verkehrte Richtungen.

Konfrontiert sie mit den Fragen: Woher komme ich? Wer bin ich? Wohin gehe ich?

Gott liebt den Menschen, der sein Leben verdient, denn er hat ihm seinen freien Willen gegeben, zum freien Handeln. Sollte man nicht auch die Ketten sprengen, die einen unfrei machen? Hebt euren Geist aus der Beschränktheit eures Seins hinaus, verbindet ihn mit dem Geist Gottes, dann werdet ihr erkennen.

Ihr gebt euch somit den Raum, den ihr braucht, um glücklich zu sein. Es ist ein unendlicher Raum, der euch zur Verfügung steht, wenn ihr bewusst werdet und endlich erwacht. Aber denket daran, wenn ihr erwacht seid, dann nehmt die Hand eurer Brüder und Schwestern, lasst sie nicht im Dunklen tappen und versucht sie auch nicht zu erziehen oder ihnen Glauben gegen ihren Willen einzutrichtern, das heißt sie zu missionieren. Begleitet sie liebend und pflanzet in sie den Samen der Erkenntnis und der Weisheit. Helft ihnen, ihren göttlichen Kern in sich zu reinigen, ihn wachsen zu lassen. Dann werden auch sie immer mehr erwachen und diese Macht wird immer größer werden, und die Unkenntnis verdrängen, ja sie wird die Dunkelheit verwandeln in Licht. Das ist das Ziel, das zu erreichen ist. Dazu kann jeder seinen Beitrag leisten.

Begebt euch doch in die eigene Verantwortung, so habt ihr Macht über euer eigenes Leben. Höret auf mit dem Warten auf Hilfe von außen!

Es soll niemand sagen, er allein könne nichts bewirken. Jeder ist wichtig, jeder von euch ist ein Teil im Werk Gottes. Gott will nichts anderes, als dass der Mensch freiwillig und in Liebe zu ihm zurückkehrt, indem er lernt, das anzunehmen und zu achten, was er erschaffen hat, was er einst in Liebe gab, jedes einzelne Lebewesen, all das, was ist. Ihr alle seid verantwortlich. Jeder von euch sollte seinen ureigenen Anteil leisten mit dem, was ihm mitgegebenen wurde, also mit seinem ganz persönlichen Potential zur Rettung der Erde.

Denn erst wenn der Mensch wirklich erkennt und weiß, dass er allein verantwortlich ist für das, was ihm geschieht, beginnt er die volle Verantwortung für sein Leben zu übernehmen. Er fragt sich dann: Wie kann ich mit meinem Leben zum Gemeinwohl beitragen, da es uns alle betrifft? Das ist die Einheit von Mensch, Natur und der Tierwelt, denn Gott trennt sie niemals!

Ihr könnt viel bewirken, wenn ihr zusammenhaltet und euch eurer geistigen Fähigkeiten wieder bewusst werdet, Fähigkeiten, die in euch schlummern, die ihr oft wie in einer Grabkammer eingeschlossen habt. Ihr müsst stets wachsam sein, um zu verhindern, dass diese grauen Schleier über euch gehängt werden, die euch die Erinnerung trüben. Nur wenn ihr es sofort bemerkt, könnt ihr etwas dagegen unternehmen. Es ist also sehr wichtig, die stete Präsenz des Geistes zu fördern, wachsam zu sein, was mit euch und um euch herum geschieht. Alle Ängste, alle Prüfungen, die zu euch kommen, könnt ihr nur überwinden mit Gottes Hilfe.

Ich werde euch wieder an die göttliche Flamme anschließen - wenn ihr es zulasst - damit ihr mit dem göttlichen Geist in euch weiterleben könnt!

Die Angst kommt von innerer Unsicherheit und bewirkt, dass ihr oft machtlos werdet oder in einen Kampf gegen euren Nächsten übergeht, weil ihr euch fürchtet. Diese Unsicherheit ist ein Mangel an Vertrauen in euch selbst. Wer aber erkennt dies? Angst ist auch ein Festhalten an Dogmen, an Urteilen, an

Glaubenssystemen und an bestimmten Menschen. Durch das Festhalten blockiert ihr das Leben, ihr blockiert eure eigene Entwicklung. Alles, was ihr festhaltet, kann sich nicht bewegen, es stirbt. Angst ist das Gegenteil von Liebe. Die Angst raubt dem Fluss des Lebens in euch die Kraft zum Vorwärtskommen und sie nimmt eurem Intellekt die Fähigkeit zum Denken! Denn mit dem Menschen ist es wie mit einer Säule: Die Säule selbst ruht auf einem Fundament, einem Podest. Es kommt nur auf das Fundament an, wie sicher die Säule sitzt. Wenn das Fundament wackelt, kann die Säule einstürzen. Weil die Säule Angst hat, ihren Halt zu verlieren, wird sie starr und somit unbeweglich.

Ändert eure Gedanken der Angst in Gedanken der Zuversicht an den göttlichen Geist der Alleinheit!

Glaubt unerschütterlich an seine Hilfe und ihr werdet sie erhalten!

Verleugnungen, die aus Ängsten heraus resultieren, sind ein mächtiger Anteil im Menschsein, die euch daran hindern, echt zu sein. Echt zu sein bedeutet, euch so anzunehmen und euch so zu präsentieren, wie ihr euch wirklich fühlt. Negative Emotionen, die hochkommen, wie z. B. Wut, dürft ihr nicht einfach ignorieren oder verdrängen. Sondern ihr müsst euch diesen Anteil, der zweifellos zu euch gehört, anschauen, euch ihm zuwenden, um zu sehen, für was er steht.

Wenn ihr euch konsequent der Selbstkontrolle hingebt, anstelle andere Menschen zu kontrollieren, bleibt ihr bei euch, ja ihr behaltet eure Energie für euch selbst. Erst dann könnt ihr loslassen und euch letztendlich zum höchsten Selbst erheben.

Jedes Leben ist eine gerechte Chance für den Ausgleich. Nutzt sie, nutzt diese Möglichkeit, und trennt euch von dem ewigen Kreislauf der Sünden. Ihr seid die Richter eurer selbst. Nur ihr selbst könnt euch begnadigen oder verurteilen und könnt dies nicht durch eine andere Person vornehmen lassen. Ihr selbst seid die Verantwortlichen, sucht nicht in anderen die Schuldigen.

All zu leicht vergesst ihr durch eure alltägliche Lebensroutine die Aufgabe eurer Seele. Hört auf euch selbst. Hört auf, euch selbst zu belügen oder euch selbst etwas vorzumachen, wenn es um eure wahren Absichten, Meinungen und Gefühle geht. Nur durch das Erleben im Hier und Jetzt ist euch die Möglichkeit gegeben worden, euch umfassend zu verändern, also eine vollkommene Transformation, ohne die Auflösung eures Körpers zu erleben. Wenn ihr aber bereits krank seid und der Körper Degenerationen aufweist, der Arzt ratlos ist, und ihr verzweifelt seid, aber dennoch beteuert, ihr würdet doch so gern wieder gesund sein, kann eine wirkliche Genesung nur über den Weg der Seele geschehen. Denn alles, was im Außen erscheint, entsteht vorher im Inneren. Ein Mensch kann nur wirklich schwerkrank werden, wenn er seinen Lebensauftrag nicht erfüllt, ja, wenn er davor weggeht. Doch er kann nur wirklich gesunden, wenn er erkennt, dass er in Verbindung mit seinem unendlich weisen Geist buchstäblich alles erreichen kann, was er will und woran er wirklich tief glaubt, wenn also die Seele erkennt. Hier ist durch den Weg der Erkenntnis eine wahre Transformation im Leben möglich und somit kann der Ausdruck der Krankheit überflüssig werden. Ihr müsst euch die Frage stellen: Wie mache ich meiner Seele klar, das ich dazu bereit bin?

Wenn ihr mit eurem jetzigen irdischen Leben nicht mit dem Plan der Seele im Einklang seid, kommt ihr in Disharmonie und in einen Kriegszustand, der sich dann im Körper abspielen wird. Je länger der Krieg dauert, umso mehr wird der Körper entkräftet und geschwächt, er bricht immer mehr und mehr zusammen, bis hin zum Quittieren des Dienstes. Die Seele wird sich dann unweigerlich aus ihrem zerstörten Körpertempel zurückziehen, ihren Plan nicht mehr verfolgen und diesen schließlich verlassen. Ihr müsst wissen, dass wenn ihr euren Körper aufgebt, das heißt nach dem physischen Tod, bleiben eure Schattenformen als eigenständige Wesen auf der Erde zurück. Eine Erlösung dieser Schattenformen, kann nur durch eure erneute Rückkehr in Form eines neuen Körpers stattfinden. Indem ihr euren Schatten wieder annehmt und ihn in eine Lichtform auflöst, kann dieser in das ewige Licht zurückgehen. Dies sind Energieformen, die jeder Zeit eure Zukunft formen, wenn ihr diese negativen Schatten beibehaltet.

Suchet nach der Wahrheit des Lebens, so werdet ihr diese finden. Ihr könnt nur Gleiches mit Gleichem heilen. Bildet eine Einheit der Liebe, nur sie kann und darf alles auflösen, was nicht in eure Welt hineinpasst. Holt gemeinsam hervor, das was werden soll, und nicht das was bereits da ist. Zerbrecht euch nicht den Kopf, über das „wie", sondern tut es! Erleuchtet euch selbst, damit ihr nicht im Dunklen steht, sondern euer Selbstvertrauen wiedererlangt, um einen Schritt nach dem anderen zu setzen.

Begebet euch auf die Spitze des Gipfels und erblickt das Tal in seiner vollen Schönheit. Sehet, wie weit euer Blick alles erfasst, wie weit er reicht. Sehet die Ferne, sehet wieder mit eurem Herzen, das euch die Augen öffnen wird.

Alles, was für euch bestimmt ist, kommt zum richtigen Zeitpunkt, am richtigen Ort auf euch zu. Oft muss das Verständnis reifen, um auf seinem Lebensweg fortzufahren. Und vor allem gilt es am eigenen Bildnis zu erfühlen, ehe das Verständnis über das Leben weitergeleitet werden kann, denn ein Mensch, der andere lehren will, muss es vorher selbst erfahren haben. Er muss in der Lage sein, den anderen am Herzen zu berühren. Und das Erkennen geht auch nur über dieses Zentrum.

„ Der Aspekt Liebe „

Ihr Menschen seid immer auf der Suche nach Liebe, jeder auf seine eigene Art und Weise, und jeder auf einem anderen Schauplatz in dieser Welt. Doch so im Außen erreicht ihr euer Ziel nicht, damit kommt ihr nicht weiter, denn solange ihr im Außen sucht, zieht ihr Menschen an, die ebenfalls suchen und die nicht geben können, was ihr braucht, um glücklich zu sein. Ihr glaubt, ihr müsst euch die Liebe auf irgendeine Art und Weise verdienen. Denkt einmal über die Bedeutung von „sich etwas verdienen zu müssen" nach. Eine Wertung setzt bereits ein, wenn ihr sagt: Wer ist es wert, die Liebe zu verdienen? Hier beginnt bereits die Abtrennung von der göttlichen selbstlosen Liebe, von der Urbedeutung und von der Ursubstanz der Liebe. Und wo Trennung ist, ist keine Einheit mehr, und wo keine Einheit mehr ist, entstehen Löcher und alles was einst ganz war, driftet auseinander. Sehet die Wolken am Himmel. Bläst ein Wind hinein, teilen sie sich und streben in verschiedenen Richtungen auseinander. Liebe hat somit bereits ihre Ursubstanz verloren, denn wenn gewertet wird, ist es nicht mehr bedingungslose Hingabe!

Im Namen der Liebe sind schon so viele grauenhafte Taten begangen worden, die sich der liebende Vater niemals so vorgestellt hat, geschweige, es so geboten hat. Denket nur einmal an die Kriege, die verübt worden sind zu Ehren Gottes in falscher Hingabe und in falscher Liebe! Denn der Vater liebt alle seine Geschöpfe gleichermaßen. Scheint nicht auch die

Sonne gleich warm über die verschiedensten Lebewesen? Macht sie etwa einen Unterschied zwischen Mensch und Tier, zwischen einem Reichen oder Armen, oder etwa zwischen einem Gläubigen und einem Ungläubigen? Und was versteht ihr denn unter „ungläubig"? Ihr seid nicht dazu aufgerufen worden, zu richten. Aber dennoch ist es bereits unzählige Male so geschehen. Da glaubt einer, der unter euch ist, dass gerade er das Recht habe, den anderen Bruder, dessen Auffassung von Gott eine andere ist als die seine, im Namen der Liebe - und nichts weiteres ist mein Vater - missionieren zu müssen. Das heißt, ihm seine Auffassung vom Glauben aufzubürden, und wenn nötig sogar, um das Pfand des Lebens mit Gewalt durchzusetzen. Also frage ich euch, in wessen Auftrag und in wessen Namen tut ihr das? Wer ist dieser Gott der das fordert? Oder wisst ihr es am Ende gar nicht?

Da mein Vater Liebe ist, bedingungslose Liebe, ist es auch völlig der jeweilige freie Wille, den er persönlich jedem einzelnen gegeben hat, der entscheidet, an wen oder was der einzelne Mensch glauben will. Anders ausgedrückt: Auf welcher Bewusstseinsebene er sich in diesem Moment seines Lebens befindet. Jeder Mensch hat, solange er atmet, die Chance, freiwillig zu lernen, und er kann jede Sekunde erneut entscheiden, welchen Glauben, welche Auffassung er von seinem Schöpfer oder einfach vom Leben haben will. Das Leben ist ein Spiel und es macht doch viel mehr Spaß es mit den verschiedensten Mitspielern zu genießen, als es allein zu spielen. Schaut doch, wie durch eure Verschiedenartigkeit und durch die Vielfalt des Lebens die wahre Pracht sich entfalten kann.

Ich möchte, dass ihr euch über die Akzeptanz des vermeintlich Andersartigen Gedanken macht.

Was bedeutet für euch Akzeptanz?

Ich sage euch: Nehmt den anderen so wie er ist in seiner Andersartigkeit einfach an. Ich sage nicht, dass ihr ihn zum persönlichen Freund machen müsst. Nein! Das ist das Missverständnis. Ich sage einfach, dass ihr ihn annehmen solltet, so wie er ist. Annehmen und tolerieren als das, was er ist. Letzten Endes: Ihr nehmt ihn in Liebe an, ihr liebt ihn! Diese Form der Liebe bedeutet nichts anderes als das, was ihr schon von mir kennt. „Liebe deinen Nächsten wie dich selbst!" Macht keinen Unterschied, beziehungsweise zieht keine Trennung zwischen euch und eurem Nächsten. Damit meine ich nicht nur die Menschen untereinander, damit meine ich auch euer Verhältnis und eure Einstellung zu Mutter Erde, zur Natur und zu den Tieren. Habe ich euch nicht gesagt: Die Liebe meines Vaters durchdringt alles, also auch die Natur und die Tiere. Haben sie nicht dasselbe Recht, wie ihr, in Liebe zu leben? Respektiert ihr deren Lebensraum und achtet ihre Bedürfnisse?

Meint ihr nicht, dass diese Tierwesen fühlen, was mit ihnen geschieht?

Ich sage euch: Auch sie haben ebenso wie ihr eigene Grundbedürfnisse. Wenn ihr nicht bereit seid, euren Lebensraum mit den Tieren zu teilen, seid ihr nicht in der wahren

Liebe. Das muss euch ganz klar sein: Es gibt keinen Unterschied, der von meinen Vater kommt! Unterschiede habt ihr Menschen geschaffen, um euch zu rechtfertigen. Ihr selbst habt euch zu Herren über alles andere auf der Welt ernannt! Ihr solltet aber nur Verwalter sein und als Verwalter könnt ihr nicht eigenmächtig das ewige Gesetz meines Vaters, des einzigen Schöpfers dieser wunderbaren Welt, abändern. Glaubt ihr etwa, das bliebe ohne Folgen? Denn alles ist eins, und ihr zerstört euch letzten Endes selbst! Alles, was ihr anderen antut, tut ihr euch selbst an. Erschüttert euch nicht diese Erkenntnis?

Stellt euch einen Trichter in der Wüste vor, dort wo alles öde und unfruchtbar ist. Und durch diesen Trichter fließt Wasser hinein. Glaubet nicht, dass dieses Wasser sich nur auf diese eine Stelle vergießt und sie fruchtbar macht. Nein, das Wasser verteilt sich in Liebe weiter und macht auch das Land, was daneben liegt, fruchtbar. Sollte es nicht genauso mit der Liebe sein? Ihr könnt die Liebe nicht einfach nur auf eine bestimmte Stelle, auf eine Lebensform konzentrieren. Das ist dann Egoismus und keine wahre Liebe mehr. Ihr müsst endlich lernen, auf all euren Lebensgebieten klar und deutlich zu handeln, und ihr müsst lernen, genau dort zu sein, wo ihr gerade sein wollt!

Ich frage euch weiter:

Was versteht ihr bei euren Partnerschaften unter Liebe und wie lebt ihr sie?

Was meint ihr wirklich wenn ihr eurem Partner sagt: „Ich liebe Dich?"

Meint ihr nicht oft damit: „Ich begehre dich. Du bist mein Besitz. Du gehörst mir. Sei so, wie ich es will, damit ich dich lieben kann." Oder meint ihr damit: „Ich akzeptiere dich so, wie du „echt„ bist. Ich lasse dich so leben, wie du gern leben würdest." Denket daran, auch euer Partner ist nicht euer Besitz. Und ihr müsst wissen, wenn zwei Menschen sich entschieden haben, den Lebensweg gemeinsam zu gehen, sollte folgendes ganz klar sein: Jeder sollte dann immer noch in der Lage sein, sein Leben in der Art und Weise zu leben, die ihn glücklich macht. Das bedeutet in diesem Fall, in wahrer Liebe zusammen zu gehen.

Jeder hat seinen freien Willen, aber jeder ist natürlich auch verantwortlich für sich selbst, sowie für alle seine Handlungen und Taten. Ich meine damit, wenn einer von euch Verantwortung übernommen hat, wie z. B. eine Familie zu gründen, oder einfach nur die Verantwortung übernommen hat, einer Seele die Inkarnation zu ermöglichen - sei es in der Vaterrolle, sei es in der Mutterrolle -, so ist er sicherlich verantwortlich dafür, diesem Menschen seine Liebe und Fürsorge zu geben, solange es dieser kleine Mensch nicht selbst kann. Aber er sollte auch dafür Sorge tragen, dass er dieser Seele dabei hilft, sein Schicksal eigenständig erfüllen zu können. Denn ihr habt euch bereits in der Parallelwelt eurer Seelen dafür entschieden, welche Rollen ihr gemeinsam im Leben spielen wollt. Gebt dieser Seele von Anbeginn an - bereits ab der Zeugung -

eure selbstlose Liebe mit. Und ihr tut dieser Seele das beste Werk, das ihr für sie jemals tun könnt. Denn nichts, aber auch gar nichts kann diese Liebe ersetzen. Bereits hier stellt ihr die Weichen für das Leben eures Kindes. Ihr setzt Programmierungen in Gang, die ein ganzes Leben lang anhalten, und die weitgehend darüber entscheiden, wie dieser Mensch durchs Leben geht. Und wenn ihr genau hinschaut, fällt euch sicherlich auf, wie ähnlich ihr doch in gewissen Gebieten eures Lebens reagiert. Das sind Programmierungen, die ihr eurem Kind von euch selbst mitgegeben habt.

Wenn ihr von Anfang an in Liebe und in Fürsorge zueinander handeln würdet, könntet ihr euch selbst und euren Kindern viel Leid ersparen! Oftmals wird die Liebe bereits schon bei der Zeugung missbraucht.

Seid ehrlich zu euch selbst, wenn ihr jetzt auf meine kommende Frage antwortet!

„Wie ist es, wenn ihr miteinander schlaft, wenn ihr euch vereinigt?"
Tut ihr das nur aus sexueller Begierde heraus, so fehlt die Liebe!
Aber genau diese Liebe ist es, die bereits hier die unverzichtbare Hauptrolle spielen sollte!

Sexualität ist oft ein billiger Ersatz für die Liebe. Die Sexualität, wenn sie nur als diese praktiziert wird, wurde euch einst vom dunklen Bruder gegeben. Er ließ euch glauben, das sei Liebe. Weil er selbst fern von Gott und seiner Liebe war, wollte er euch dieselbe Leere fühlen lassen, die er fühlte. Fern vom Vater zu sein, bedeutet leer zu sein, ist ein Gefühl, als wenn ihr immer mit knurrendem Magen herumlaufen würdet und ihr trotz ständigem Essen immer mehr gähnende Leere in euch verspüren würdet. Aber wahre Liebe verbunden mit der Sexualität ist etwas sehr Schönes, ist Leben, ist wie ein Fließen, das nicht nur gibt und nicht nur nimmt. Sie ist niemals einseitig, ist also ein gleichzeitiges Geben und Nehmen, ein Sich-Vergießen, ein Sich-Verströmen. Zwei Flussarme vereinigen sich, bringen ihre Gabe, ihr Wasser mit, um sich zu einem breiteren Fluss zu vereinigen. Es geht hier also, wie ihr seht, nichts verloren.

Und genauso verhält es sich, wenn ihr euch in Liebe vereinigt. Ihr gebt dem anderen eure Gabe ohne Berechnung, ohne gleichzeitig dafür etwas zu erwarten. Tut ihr etwas aus Berechnung heraus, also, indem ihr nur mit dem Partner schlaft, damit er euch gehört, wird euch das kein Glück bringen. Oder wenn du eine Frau bist, du ein Kind erwartest und damit rechnest, dass der Partner dich jetzt zu versorgen hat, so wird auch das dir kein Glück bringen. Du setzt hier bereits den Grundstein für die Fortführung dieser Erpressung in deinem Leben, die dann auch auf anderen Lebensgebieten zum Tragen kommen wird. Wenn du erpresst, wirst du erpresst werden. Deshalb ist es von großer Bedeutung, für euer Leben, wie ihr gezeugt wurdet und wie ihr dann geboren worden seid. Hier wird bereits der Grundstein gelegt für das Maß der Liebe in eurem Leben.

Es ist von enormer Wichtigkeit und von großer Bedeutung für den werdenden Menschen, dessen Seele von der göttlichen Liebe her abstammt, wie seine Eltern zueinander standen, als sie ihn zeugten. Alles, aber auch alles wird bereits aufgezeichnet, wie auf der Spule eines Tonbandgerätes, das alles mit einem breiten Spektrum aufnimmt, so auch die Geräusche, die nicht im direkten Zusammenhang mit der Aufnahme stehen. Gefühle sind wie Geräusche, die mitaufgezeichnet werden, ebenso wie Worte und Gedanken, die dabei gesprochen und gedacht wurden. Nur wenn die Herzfrequenzen aufeinander abgestimmt sind, die Herzen auf einer Wellenlänge schlagen und liebevolles, zärtliches Berühren der Haut sowie ein Sich-Hingeben an den Partner etwas Selbstverständliches ist, etwas, was sich wie von ganz allein ergibt, fließt die selbstlose Liebe über und setzt sich in den sich bildenden Körperzellen bereits fest.

Euer Körper ist ja das Spiegelbild eurer Seele. Schaut euch tief in die Augen und ihr könnt euch noch besser erkennen.

Es ist wichtig, dass ihr euch in Zärtlichkeit berührt, natürlich nicht nur bei der sexuellen Vereinigung, sondern einfach so oft es euch möglich ist. Streicht ganz sanft über euren Körper, der auf diese Zärtlichkeit angewiesen ist. Er fühlt sich dann angenommen so wie er ist. Ihr müsst wissen, dass der

Körper, euer irdisches Gefäß der Seele, ein eigenständiges Wesen ist, das ihr dazu benutzt, um in einer Symbiose hier leben zu können. Denn in der Geistform ist das nicht möglich, das zu erleben, was ihr mit dem Körper könnt. Deshalb schenkt ihm die Achtung und die Aufmerksamkeit, die er verdient hat. Gebt ihm eure Liebe, behandelt ihn mit Respekt, hört auf seine Zeichen, die er euch gibt, die Signale und seine Hilferufe, wenn er sich schlecht behandelt fühlt. Denn er hat seine eigenen Bedürfnisse, auf die ihr in jedem Fall achten müsst. Und nun stellt euch vor, was es für diesen gefühlvollen Körper bedeutet, wenn ihr es zulässt, dass er missbraucht oder - schlimmer noch - vergewaltigt wird. Der Körper wehrt sich, resigniert schließlich und gibt einfach auf. Ihr spürt das dann deutlich in Form von Erkrankungen, die sich auf der Körperebene manifestieren. Und diese Manifestationen könnt ihr nur auflösen, wenn ihr euch in Liebe und Verständnis annehmt, euch also euren Problemen ernsthaft zuwendet. Dann erst seid ihr in der Lage, wieder gesund zu werden!

Versetzt euch in das Zentrum einer duftenden Rose hinein. Macht euch ganz klein in Gedanken, schlüpft in dieser Miniform eures Seins hinein und richt den süßen betörenden Duft dieser Blume. Dann seid ihr eins mit ihr. Genauso müsst ihr es mit dem Zentrum eures Herzens tun, macht euch ganz klein und schlüpft in das Herzzentrum hinein. Ihr spürt jetzt das Schlagen eures Herzens, fühlt die Wärme und die Süße der Liebe, und seid eins mit euch selbst und mit eurem Schöpfer. Und nun da ihr hier seid, erinnert euch an die Urform der Liebe, an euer Zuhause, dem Zuhause der Seele, die ihr seid. Höret den

lieblichen Klang der himmlischen Sphäre, dieses Summen, die-
ses Beben der Urkraft, die hier Zuhause ist. Vernehmet jetzt den
Ton, der den neuen Morgen verkündet, der euch die Erinnerun-
gen bringt, wer ihr in Wirklichkeit seid. Lasst euch doch einfach
darauf ein, nehmt euch die Zeit, um dies ganz intensiv zu spü-
ren. Die Liebe ist wie ein farbenprächtiger Schmetterling, der
leicht und anmutig an einem sonnigen Tag sich frei bewegt.
Sperrt die Liebe nicht ein, presst sie nicht in feste Regeln, lebt sie
niemals mit Berechnung und sie wird sich euch immer wieder
aufs Neue schenken.

Die Ehe, wie sie üblicherweise zelebriert wird, ist in den meisten Fällen zu einem Versorgungsinstitut geworden, wo jeder seine Pflichten und seine Rechte hat. Und das Versprechen der Liebe, der Treue und des Zueinanderhaltens wird meistens durch einen Priester der Kirche und eine weltliche Institution besiegelt. Beide Formen dienen letztendlich dazu, einen Vertrag zwischen zwei Vertragspartnern zu schließen, mit einem Stempel und Unterschriftsleistung versehen. Der Schmetterling „Liebe" wird hier eingesperrt und durch die Gefangenschaft stirbt er letztendlich.

Ich bin nicht gegen die Ehe, ich war verheiratet und ich hatte auch Kinder, ich liebte meine Familie sehr. Doch meine Liebe habe ich auf alles verströmt, weil alles eins ist. Wenn ihr einem anderen Menschen die Treue schwört, weil ihr ihn liebt, euch ihm widmet, mit ihm zusammen Kinder der Liebe zeugt, sollt ihr euch dieser Verantwortung, die ihr damit eingeht - denn ihr habt es ja freiwillig so entschieden -, nicht einfach entziehen. Deshalb ist es auch sehr wichtig, diese Zeremonie nur einzugehen, wenn es wahre Liebe ist, die euch miteinander verbindet. Solche Partner lassen dem anderen seine Freiheit. Damit meine ich, sein Leben so ausdrücken zu können, wie er es gerne tun würde. Selbstlose Liebe bedingt es sowieso, dass ihr den anderen so annehmen solltet, wie er „echt" ist. Es ist keine Liebe, wenn ihr euch in Rollenspiele hineinbegebt, die ihr dann oftmals nicht mehr verlassen könnt, ohne empfindliche Einbußen aller Art hinnehmen zu müssen. Deshalb noch einmal: Ich bin nicht gegen die Ehe oder die sexuelle Vereinigung. Doch es ist von Übel, wenn ihr das Allerheiligste im Körpertempel, den Geschlechtsakt - bei dem ihr mit eurem Partner ein Stück eurer beider Lebensenergien vereinigt - verschmutzt, indem ihr aus rein sexueller Lust heraus - der ja ein eigenständiger Trieb ist - diesen vollzieht. Wenn ihr euren Partner betrügt, weil ihr aus diesem Trieb heraus auch noch mit anderen Partnern schlaft, die ihr nicht wirklich liebt, so nehmt ihr bereitwillig den Ersatz der dunklen Seite an, nämlich die Sexualität ohne Liebe und ohne gegenseitige Hingabe und Achtung. Und sobald ihr das tut, habt ihr bereits dieser dunklen Macht freiwillig gestattet, in euch einzudringen. Und wenn sie erst einmal den Eingang gefunden hat und eingelassen wurde, versucht sie, sich sofort weitere Gebiete zu erschließen, und es kann sich so ganz schnell zu einem Flächenbrand ausdehnen ohne dass es euch bewusst ist.

Deshalb: Verwehrt dem Dunklen den Eintritt in euer Haus, setzt ein Siegel - das da heißt: „Wahre Liebe" vor die Tür, über das er nicht hinweg kann. Wahre Liebe ist die Festung meines Vaters auf Erden. Helft mit, diese Festung ständig zu vergrößern, verhelft der Macht des Lichtes zum Sieg. Jeder einzelne von euch ist dazu aufgerufen! Dies ist kein Spiel, sondern Realität der Welten. Das Leben in euren Familien sollte auch das Leben außerhalb in der größeren Gemeinschaft ausdrücken. So wie ihr es im kleinen Kreis tut, so gebt ihr es weiter an den größeren Kreis.

Ist euch der Nächste, der neben euch lebt, wirklich wichtig? Seid ihr euch selbst wirklich wichtig?

Denn erst wenn ihr in euch diese Wichtigkeit an Liebe erkannt und entdeckt habt, könnt ihr diese auch an euren Nächsten weitergeben. Fragt euch sodann, wie kann ich mit meinem Leben, mit meiner Liebe, dazu beitragen die Lebensverhältnisse anderer Menschen ebenfalls zu verbessern? Da ihr alle eins seid, wird diese Energie aufgenommen werden, wenn ihr euch ihnen in wirklicher Fürsorge zuwendet. Dann werden sie in der Lage sein, diese Energie ebenfalls weiterzuleiten. Der Kreislauf beginnt! Das ist dann so, als ob eine unendliche Lichterkette inmitten der Dunkelheit ihre Helligkeit ausbreitet. Ein Licht entzündet das andere Licht und ihr seid, durch diese Art und Weise miteinander umzugehen, in der Lage, die Dunkelheit, die sich über die Welt verbreitet hat, aufzulösen. Es geht also um Auflösung und Umwandlung, um eine Umwandlung der Dunkelheit zum Licht. Erahnt ihr jetzt, welche Macht die wahre Liebe darstellt?

Ich möchte euch an dieser Stelle ein Gebet weitergeben. Dieses Gebet ist ein Saatkorn des Friedens. Ich gebe es euch, weil ich mir wünsche, dass es reiche Früchte tragen möge, und dass die Schatten der Lüge keine Bleibe mehr haben mögen in euren Herzen! Sprecht es laut oder leise, wann immer es euch danach verlangt, doch wenn die Sonne aufgeht und wenn sie untergeht kann dieses Wort, seine beste Wirkung erzielen!

Wenn ihr diese Worte ausssprecht und euer Herz öffnet, werden sie die in ihnen wohnende Kraft der Heilung freisetzen. Sie verströmt sich auf alles, denn es gibt keine Trennung! So gebt ihr heilenden Segen für die Gemeinschaft weiter! Die Antwort werdet ihr erleben! Seht selbst!

Oh, Allmächtiger, der du überall bist,
oh Unendlicher, der du in allem bist
wir bitten dich um dein Auge
auf dass es in Milde und Gnade alles sieht,
was im Dunkeln ist,
und dass dein Atem dorthin fließt, wo es bereits
kalt und leblos ist
und dass deine Hände sich erbarmend
über die Seelen legen mögen, die drohen zu erfrieren
weil sie sich eingelassen haben mit dieser Kälte
fern von deiner Liebe.
Oh, Gütiger, wir bitten dich,
erbarme dich ihrer, erbarme dich unser,
lass uns wissen und fühlen
dass du bei uns bist
und wir in deine Arme zurückkehren dürfen.
Lasse die Zeichen deiner Liebe brennen weithin
auf dass wir den Weg zu dir besser finden können.
Gelobet seist du,
oh Gütiger, oh Unendlicher, der du überall bist.

A m e n

Es gibt ein besonderes Fest, das die Christen jedes Jahr zur selben Zeit zelebrieren, nach einem Stern, der den Weg weist für das Licht der Liebe. Dieses Fest feiert ihr, ohne dass ihr noch wisst, um was es sich da wirklich handelt. Es soll die Freude über die Geburt des Jesus Christus verkünden. Aber ich sage euch: Der, dessen Geburt ihr immer wieder aufs Neue, jedes Jahr als ein Ritual feiert, war hier, und ihr habt ihn nicht verstanden. Er ist jetzt wieder hier, aber ihr wisst es nicht. Ihr würdet mich nicht erkennen, auch wenn ich direkt vor eurem Angesicht stehen würde, weil ihr euch ein Abbild von mir geschaffen habt, das ihr anbetet. Ihr feiert dieses Fest der Liebe zu meinen Ehren, aber warum feiert ihr dieses Fest nur einmal im Jahr?

Meine Liebe zu euch lässt sich in keine festen Zeiten eingrenzen und genauso solltet ihr das handhaben. Liebet einander und nehmet euch so an, wie ihr seid. Und tut das nicht nur zu bestimmten Zeiten, weil der Kalender aussagt, es steht ein Fest der Liebe an, weil es so die Tradition will oder weil ein bestimmter Ritus es so vorschreibt.

Wenn ihr euch von der wahren Form der Liebe abgewandt habt, tappt ihr immer mehr ins Dunkle. Ihr nehmt euch Ersatz, sucht Abwechslung und Ablenkung in unwichtigen Aktivitäten, die immer extremer werden. Hierzu müsst ihr ebenfalls wissen, dass diese Ablenkungen euch ganz bewusst gegeben wurden, um euch unwissend zu machen. Diese absichtlich hineingeworfenen Inszenierungen inmitten eures alltäglichen Lebens, dienen nur dazu, dass ihr euch dem zuwendet, was eure Verwirrung nur noch steigert. Wenn ihr verwirrt seid, seid ihr nicht mehr in der Lage klar und deutlich zu sehen, um dann ebenso klar handeln zu können. Das muss euch einfach bewusst werden!

Bewusstsein heißt, sich der Realität des Momentes, in dem ihr euch gerade befindet, bewusst zu sein!

Weiter frage ich euch: Woran messt ihr die Freude des Lebens? Wie ist es, wenn ihr mit euch wirklich allein seid? Könnt ihr euch da selbst in die Augen schauen, genügt ihr euch selbst? Ihr solltet hier einhalten und euch selbst ansehen.

Fragt euch, ob ihr glücklich seid mit eurem Leben. Bedenket, es ist euer Leben, dieses unbezahlbare Geschenk. Wie behandelt ihr es? Werft es nicht achtlos in eine Ecke! Manche von euch werden diese Behauptung verneinen und sagen: „Ich muss doch arbeiten und daneben habe ich ja noch meine Verpflichtungen und finanzielle Gebundenheiten, und Freizeit will ich auch noch leben."

Doch füllt euch dieses Leben wirklich aus, pocht euer Herz dabei vor Begeisterung?

„ Die Schönheit des Lebens „

Da ist noch etwas was ich an euch weitergeben möchte, denn die Aufklärung liegt mir sehr am Herzen. Ja ich will euch die Wahrheit des Lebens zeigen! Das Leben in all seiner Faszination ist es, das euch selbst so fremd ist. Könnt ihr ermessen, was es bedeutet „leben zu können?" Ihr seht es als eine Selbstverständlichkeit an und oft sogar als eine regelrechte Last, zu leben. Aber da ihr oft nur das Äußere seht, legt ihr euch in eurer Wertung sehr schnell fest. Doch das Leben lässt sich in keine Form pressen, es will fließen, so wie das Wasser es möchte. Stehendes Gewässer, ohne Zufluss und ohne Abfluss, ist bald eine Bracke und stirbt. Genauso ist es mit eurem Leben. Sorgt dafür, dass es stets im Fluss ist und dass neue Eindrücke euch beleben.

Ein Leben das sich nur von Erinnerungen aus der Vergangenheit ernährt, wird bald ganz still stehen. Denn ihr lasst neuen Zufluss, neue Eindrücke, neue leere Straßen, die gegangen werden müssen, dann nicht zu. Lasst euch doch einfach von den Wogen des Lebens tragen, vertrauet diesem Fluss euch an. Da sind zwar Hindernisse, die euch entgegenkommen, aber es gilt ja, im Hier und Jetzt ganz bewusst zu leben. So könnt ihr rechtzeitig sehen, was es zu überwinden gilt. Jede Hürde, die von euch erfolgreich genommen wurde, stärkt euer Vertrauen in euch selbst. Deshalb, vertraut Gott in ALLEM, aber geht selbst ans Werk mit diesem Urvertrauen und meistert alles, was euch entgegensteht, mit bestem Wissen und Gewissen!

Seht den kleinen Kindern zu, wie sie laufen lernen. Wie oft fallen sie hin, bis sie gelernt haben aufrecht und selbstständig zu gehen. Verurteilt euch nicht, wenn ihr fallt, wenn etwas daneben geht, sondern nehmt es als Anlass, es nächstes Mal besser zu machen. Freut euch über euer Leben, bedankt euch und nehmt alles ohne Murren an, was es euch schenkt. Oft sind es hinterher gerade die schwierigen Aufgaben, die, wenn ihr sie gemeistert habt, euch beträchtlich haben wachsen lassen. Und dieses erhebende Gefühl der Meisterung kann euch dann niemand mehr nehmen.

Seht, ich wollte und ich will euch ein Lehrer sein, auf den ihr euch stützen könnt, der euch aber nicht tragen wird. Gehet mit euren eigenen Füssen über die Widerstände hinweg, und ihr habt es so selbst getan. Ihr könnt dann denen hilfreich zur Seite stehen, die ebenfalls diese Hindernisse zu überwinden haben. Lernt, miteinander zu gehen. Wenn jeder dem anderen zur Seite steht, so werdet ihr wieder eine Gemeinschaft, die zueinander hält, in guten wie in schlechten Zeiten. Der Egoismus, der sich so sehr unter den Menschen verbreitet hat, muss wieder in seine Schranken verwiesen werden. Lasst an seine Stelle die Fürsorglichkeit treten. Damit meine ich, trachtet danach, dass ihr mit allem, was ihr tut, gleichzeitig Gutes für eure Mitmenschen und eure Umgebung bewirkt.

Wenn ihr einen Garten anlegt, gebt mit diesem gleichzeitig anderen Lebewesen Lebensraum, gönnt ihnen, das sie mit euch dort leben können. Akzeptiert auch den andersartigen Garten eures Nachbarn, toleriert euch gegenseitig. Es ist von Übel, dass fast jeder nur für seine eigenen Bedürfnisse lebt, dass einfach zuviel Lebensraum buchstäblich erstickt wird. Auch hier solltet ihr in euch gehen und euch fragen, ob es wirklich notwendig ist, das ihr soviel Lebensraum für euch allein benötigt. Die Natur lässt sich nicht beliebig vergrößern. Wenn ihr so weiter macht, wird bald kein freier Raum mehr zur Verfügung stehen. Ihr könnt nicht pausenlos in den Topf des freien Landes greifen, und so tun, als ob dieses grenzenlos wäre. Das ist es nicht! Nehmt Rücksicht auch hier auf alle gemeinsamen Bedürfnisse, und wenn es von Nöten ist, so schränkt euch ein, lernt, zu verzichten, wenn es zum Wohle von Allen ist.

Die Natur bleibt für ewig bestehen, sie ist wie ein unschuldiges lebhaftes Kind, das von vielen Menschen beschmutzt und misshandelt wird!

Ein großes Problem der Menschen ist die Oberflächlichkeit. Wenn ihr in dieser lebt, übernehmt ihr automatisch keine Verantwortung für etwas, was mit euch und um euch herum geschieht. Und wenn ihr so tut, als wenn etwas nicht geschieht, nur weil ihr nicht hinseht, ist das ein großer Trugschluss. Es passiert dann einfach etwas um und mit euch, weil ihr wegseht, und deshalb nicht in der Realität seid. Ihr könnt also nicht spontan reagieren und somit nicht rechtzeitig handeln. Wie eine Naturgewalt bricht es über euch zusammen! Seid tiefgründig in allem was ihr tut, nur so könnt ihr die wahren Schätze des Lebens sehen und sie bergen. Holt sie aus dem tiefsten Grund eurer Liebe hervor. Wenn ihr aber untätig sitzen bleibt, lauft ihr Gefahr, der Verwüstung eurer Seelen, sowie die Zerstörung der Erde mit ansehen zu müssen.

Haltet nicht mehr an dem fest, was ihr bis gestern bereit wart zu tun. Handelt jetzt! Die Zeit rückt immer näher, in der die Entscheidung fällt! Nur, auf welche Seite wird sie fallen?

Die Grenze ist schmal geworden, da die Menschen als auch die Natur am Abgrund stehen, und sich immer näher und näher vorbeugen, anstelle einen Schritt zurückzugehen. Ich sage euch: „Haltet ein mit dem Unglauben an euch selbst!" Wie Marionetten verkleidet bewegt ihr euch stur und zielstrebig auf einen schmalen Abgrund-Grad zu, ohne zu bemerken, dass es danach keinen Halt mehr gibt und so auch nicht bemerkt, dass noch ein anderer breiter Weg auf euch gewartet hätte. Aber wo ist die Ursache dieses Dramas zu finden? Es ist im Verstandesbereich des Menschen verankert! Ist sein Intellekt orientierungslos geworden und nicht mehr in der ganzheitlichen Harmonie von Körper, Seele und Geist eingebunden, wird er zu einem Spielball der Trostlosigkeit. So verharrt er auf starren Glaubenssätzen und ist nicht mehr bereit, spontan, freudig, risikobereit und offen zu handeln. Da beginnt der Mensch daran zu glauben: „Ich allein kann ja sowieso nichts verändern." Die Tretmühle beginnt, er dreht sich im Kreise und ist gefangen, das Herzensgefühl bleibt hierbei oft auf der Strecke. Oft ist er launisch, ängstlich, oder haut im Übermut über die Stränge, je nach Entwicklungsstufe! Wie ein Narr will er nicht lernen, auf die Stimme des göttlichen Selbst zu hören. Der Körper ist dann nach Außen der Ausdruck wie es innen aussieht! Der Körper, das Gefäß des Lebens, wird somit zum eigentlichen Sündenbock dieser Kämpfe im Inneren! Und er kann sich nur über den Ausdruck des Unwohlseins wehren, der Schmerzen und der Krankheit. Er ist somit ebenfalls Opfer, ein Opfer des Todes, der hier bereits nach dem Leben trachtet. Doch auf Erden seid ihr für das Leben gemacht, ihr sollt hier leben und nicht üben, wie ihr sterben sollt! Der Tod nach einem erfüllten Leben sieht ganz anders aus. Hier reicht dann der Tod dem Leben die Hand zum ewigen Kreislauf, aber in Liebe, denn die Liebe lebt hier weiter und bringt neue Früchte hervor.

Doch merket euch eins: Ohne Dunkelheit könnt ihr das Licht nicht sehen und ohne Licht werdet ihr die Dunkelheit nicht erkennen. Bedenket, wenn ihr Menschen eurem menschlichen Ego die alleinige Macht über euch gebt, bedeutet das, dass ihr euch abwendet von Gott und somit auch von eurem unverfälschten göttlichen Kern in euch selbst.

Erinnert euch, wer ihr seid, gebet euch die göttliche Macht wieder, haltet ein, starr und grausam an Dogmen festzuhalten, die euch über euer Ego eingegeben werden! Erkennet euch!

Ihr müsst wissen, dass bereits in der Kindheit, ja bereits vor der Geburt verschiedene Programmierungen aus euren Vorgängerexistenzen in euch noch voll wirksam sind, ohne dass ihr euch dessen bewusst seid. Diese müsst ihr ergründen und erkennen. Mensch erkenne dich selbst! Dieses ist unendlich wahr und beinhaltet die Wahrheit des Erkennens, die am Anfang steht. Nämlich die absolute Ehrlichkeit zu sich selbst, zu der Einheit aus Körper, Seele und Geist! Wenn ihr euch selbst belügt, also mit euch selbst unehrlich seid, schadet ihr euch im allerhöchsten Maße selbst, macht euch handlungsunfähig, denn ihr habt dann das Zepter der Selbstbestimmung bereits abgegeben an die Fremdbestimmung. Doch der Wille des Vaters ist, dass ihr frei seid, absolut frei im Denken und im Handeln. Sein Wunsch ist es, dass ihr euch selbst liebt und miteinander lebt, gemäß eurer göttlichen Bestimmung. Erinnert euch also an eure Bestimmung hier im Leben. Was habt ihr euch vorgenommen zu lernen und zu leben? Ihr solltet lernen, das Leben zu achten in jeder Form bis hin zum kleinsten Lebewesen. Es ist ein Frevel, eine Sünde gegen Gott und euch selbst, das Leben als unwichtig zu erachten, denn alles was lebt und atmet, ist von Gott gewollt und ist wichtig.

Ihr selbst bestimmt durch euer Denken und Handeln, was mit euch geschieht und was ihr erleiden wollt.

Kein Leid ist von Gott gewollt. Es war der Wunsch des Vaters, euch das freie Leben zu geben!

Wenn ein Mensch auf Erden ermordet wird, dann hat er dieses zuvor geistig bereits verursacht und zugelassen. Es ist eine Absprache zwischen zwei oder mehreren Seelen und wird dann auch so ausgeführt. Es war der Wunsch dieses Menschen, so aus dem Leben zu gehen. Das ist für ihn der Ausdruck seines freien Willens! Das soll natürlich kein Freibrief für das gegenseitige Töten sein, es erklärt nur, wie es sich verhält. Denn jegliches Töten zieht wiederum gleich Grausames nach sich. Deshalb haltet ein und beendet einen solchen Kreislauf durch Vergebung und Liebe.

Der Vater und ich werden euch nicht richten, wie es an euch fälschlicherweise überliefert wurde, sondern das Programm des Ausgleichs wird Rechenschaft über euch ziehen!

Das Miteinanderleben erfordert von jedem einzelnen Menschen die Akzeptanz des vermeintlich Andersartigen und Toleranz, aber mit dem Hintergrundwissen der karmischen Zusammenhänge. Damit meine ich keinesfalls, dass ihr wegsehen oder weggehen sollt, wenn ihr seht, wie ein Bruder den anderen quält oder ihn schlecht behandelt. Geht hin und fraget ihn, warum er das gerade tut, macht ihn darauf aufmerksam, was er da gerade tut und dass er gegen die Liebe handelt.

Ihr alle seid dem göttlichen Gesetz des Ausgleichs unterworfen. Deshalb steht euch nicht zu, Rache zu nehmen. Es ist nicht eure Aufgabe, dafür zu sorgen, dass einer von euch, der einen Mitmenschen getötet hat, von menschlichen Institutionen nun ebenfalls getötet wird. So wird eingegriffen in das göttliche Gesetz des karmischen Ausgleichs. So habt ihr neues Übel geschaffen und ein neuer Kreislauf setzt sich in Gang. Es gibt innerhalb einer Gemeinschaft andere Mittel und Wege, einen Mitmenschen, der auf Abwege geraten ist, zu läutern. Dazu will ich hier aber nicht näher eingehen.

Und weiter frage ich euch: Wie steht es um eure Sichtweise, was eure übernächsten Verwandten, die Tiere, anbetrifft? Auch hier sage ich euch ganz deutlich: Die Tiere sind die schwächsten in der Kette. Keiner hat das Recht, diese Wesen, die dieselbe Luft atmen wie ihr Menschen, ihrer Freiheit zu berauben, sie zu quälen oder sie zu töten.

Heißt es nicht, du sollst nicht töten. Wo steht, dass dieses Gebot nicht für die Tiere gilt? Ein Wort ist ein Wort und dieses ist ein klares Wort. Ihr kennt die Gebote meines Vaters.

Warum meint ihr, das eine einhalten zu müssen und das andere nicht?

Ich sage euch: Ihr vergeht euch schwer an den Tierwesen. Und mein Vater wollte niemals ihr Blut oder ihr Fleisch als Opfergabe. Er verabscheut es, genau wie ich, dass ihr ihm Tierwesen opfert und dass ihr grausame Tierversuche zelebriert, wo ihr doch alles aus dem Geist heraus empfangen könnt, was euch auf seinen guten Wegen voranbringen kann.

Da alles Ursache und Wirkung ist, werden Medikamente, Heilweisen sowie Kosmetika, die den Ursprung ihrer Entstehung in der Qual von Tierwesen haben - Gottes lebendigen

Kreaturen - diese Qualen zu euch wieder zurückbringen. Es kommt somit auch das Verderben zurück, denn eure unsterbliche Seele hat keinen Nutzen daraus, im Gegenteil.

Mein Vater hat diese Wesen geschaffen, damit sie neben euch in Frieden leben können. Damit sind die Wesen in erster Linie gemeint, die er in der Ursprungsform geschaffen hat. Ihr habt aus Gier heraus, weil ihr euch den Gaumen verdorben habt, am Genuss des toten Fleisches und so immer mehr davon haben wolltet, diese Urformen manipuliert und sie unmäßig vermehrt. So habt ihr wertvollen Lebensraum für die Urform gestohlen. Ihr habt euch nicht darum gekümmert, wie diese weiterleben können. Ihr habt sie einfach vertrieben.

Wo ist eure Liebe geblieben, eure Fürsorglichkeit für diesen Planeten, der euer Paradies sein sollte? Aber glaubet nicht, dass das Gesetz des Ausgleichs hier vorübergeht. Jeder wird zu dem zurückkehren, was er selbst zurückgelassen hat. Und ihr könnt euch vorstellen, wenn ihr kaputtes Land hinterlassen habt, werdet ihr auch dort weiterleben müssen, wenn ihr zurückgekehrt seid.

Ich höre euren Einwand: Was soll gerade ich kleines Licht daran ändern? Ich sage euch: Viele kleine Lichter ergeben eine riesige Lichterkette, die mit voller Macht ihr Licht in die dunkle Nacht hinaussendet. Und durch diese Helligkeit werden andere kleine Lichter, die noch allein sind, angezogen, um zu dieser Lichterkette gehören zu dürfen. Auch wenn ihr sagt: „Aber wir persönlich haben das doch nicht getan", muss ich

euch sagen: „Wenn ihr es einfach so hinnehmt, oder es ignoriert, habt auch ihr euren Anteil daran." Ändert eure Einstellung, sagt euch selbst: „Doch auch für mich ist es wichtig, dass
unser Paradies nicht verkommt in eine öde Schlammgrube,
und ich will es zuerst von meinem Bewusstsein her, dass sich
etwas daran ändert, dass es nicht so negativ weitergeht und
dann will ich mich aktiv daran beteiligen. Ich will mich an eine
Lichterkette anschließen, damit sie durch meinen Anschluss
größer wird. Gleichzeitig will ich mich innerlich reinigen, mache mir bewusst, dass auch ich verantwortlich bin." Ja, ich sage
euch: „Beginnt eure Verantwortung ernst zu nehmen, ehe es
dafür zu spät ist!"

„ Der Tempel des Lebens „

Ihr wisst, ihr habt eine gewisse Zeit, die euch zur Verfügung steht und diese Zeit gilt es zu nutzen. Nutzt sie weise, lasst es nicht zu, dass euch die Zeit beherrscht und euch in Rahmen presst, ohne dass ihr euch zuvor dorthin begeben habt, wo ihr wirklich sein wolltet. Ja, ihr habt einen gewissen Zeitrahmen für die Erfüllung eures Lebens, aber diese Zeit bestimmt euer höheres Seelen-Selbst. Das Zeitgeschehen dürft ihr nicht wörtlich nehmen, sonst würde es heißen, das Geschehen in einem gewissen Zeitabschnitt. Ich sehe die Zeit als einen einheitlichen Kreis an, in dem alles wiederkehrt, an dem ihr vorübergegangen seid und das ihr nicht weggeräumt habt. Aufräumen bzw. wegräumen ist sehr wichtig, denn wenn das Alte nicht weg ist, kommt ihr nicht dazu, das Neue aufzustellen. Auch hier gilt wie immer und überall das Prinzip der Liebe. Liebt ihr euch nicht wirklich selbst, stellt ihr euren Lebensraum so voll, dass ihr keine Luft mehr habt zum Atmen, weil ihr das Neue immer einfach auf das Alte stellt und letztendlich, wenn sich nichts mehr bewegen kann, stirbt euer Lebensraum.

Kümmert euch alle rechtzeitig um euren Tempel des Lebens, umsorgt ihn mit Liebe und Fürsorge, macht euch daran, hineinzutauchen in diesen Tempel des Leibes und damit auch der Seele!

Der Seelenleib versorgt den irdischen Leib mit der Kraft des Geistes, damit dieser das gemeinsame Werk erfüllen kann. Macht euch bewusst, dass es so ist. Schon wenn ihr euch dessen bewusst seid, also ihr dieses für möglich haltet, könnt ihr mit der Reinigung beginnen.

Um etwas von Schmutz und Unrat, wie auch von Schrott zu reinigen, zu befreien, muss bekannt sein, wo sich dieser befindet. Also beginnt mit der gezielten Suche danach. Die Liebe ist auch hier die Führung. Vertraut euch dieser Führung ruhig an. Vertraut auf die Liebe des Vaters zu euch. Bittet ihn um seine Hilfe, für alles was ihr vorhabt und durchführen wollt. Wartet nicht, bis es für euch getan wird, handelt selbst! Der Vater will, dass ihr frei seid in euren Handlungen, und er hat euch deshalb den freien Willen gegeben. Alles, was ihr wollt, könnt ihr geschehen lassen. Ja, und hier beginnt natürlich wieder die Eigenverantwortung mitzuwirken. Seid euch stets eurer Selbstverantwortung bewusst. Fehler zu machen, ist natürlich auf dem Weg des Lernens und des Erkennens. Seid aber achtsam und aufmerksam euch selbst gegenüber. Denn wenn eine Lektion nicht gelernt wurde, kommt diese wieder an euch vorbei, aber da ihr sie nicht mehr erkennt, kommt sie euch neu vor. Habt ihr es wieder nicht geschafft, beginnt der Unrat, sich zu stapeln. Euch bleibt letzten Endes nichts anderes übrig, als immer mehr Unrat wegräumen zu müssen. Je länger ihr also dafür braucht, umso intensiver wird die Arbeit dann auch werden. Es ist hier sehr wichtig, euch zu sagen: Seid nicht wütend auf euch selbst oder denkt nicht, dass ihr jetzt Versager seid. Nein, es liegt daran, dass ihr euch nicht genug liebt. Denn sonst wäre es unmöglich, dass ihr es zulassen würdet, dass euer Haus mit Müll und Unrat immer voller wird.

Der göttliche All-Geist ist hier mitten unter euch, um euch zu helfen! Ihr braucht nur euer Bewusstsein darauf zu richten, und er ist direkt bei euch!

Es ist ganz unwichtig für ihn, wo du lebst oder wer du bist, wenn du dich ihm in Liebe zuwendest, hält er deine Hand, um dich zu führen!

Ich habe bereits gesagt, dass die Zeit, so wir ihr sie messt, in Sekunden, Minuten, Stunden, Tagen, Monaten und Jahren, gar nicht existiert. Diese Einteilung schafft einen eigenen Rhythmus, der euch letzten Endes beherrscht. Hier beginnt die Fremdbestimmung über euer Leben und so könnt ihr manipuliert werden. Ihr habt euch ein Fremdbewusstsein geschaffen, weil ihr dessen Botschaft, nur eine bestimmte Zeit zu leben, unbewusst angenommen habt. Ihr teilt euch in Kategorien ein, und weil ihr daran glaubt, ist es dann auch so. Es manifestiert sich so, wie ihr glaubt. Das programmierte Altern und schließlich Sterben, hat hier in der Zeitrechnung seinen Ursprung. Ihr urteilt untereinander und beurteilt euch nach dem Alter. Lasst doch das einfach weg, wenn ihr schon nicht ohne den Zeitmesser „Uhr" leben könnt. Setzt euch eher mit den Prozessen des körperlichen Alterns auseinander. Lasst ab davon, von eurem Lebensalter zu sprechen und befragt den anderen genauso wenig darüber, wie alt er denn sei. Denn die Gesellschaft hat den jeweiligen Lebensaltern Kennzeichen gegeben oder noch besser gesagt, hat sie gebrandmarkt. Das führte dazu, dass am jeweiligen Alter der Personen gemessen wird, zu was sie noch imstande sind zu tun und zu was sie noch fähig sind. So ist es auch ganz offensichtlich, dass viele Menschen den körperlichen Tod unbewusst herbeirufen, sobald sie in den Ruhestand gehen. Denn Ruhestand bedeutet hier, bzw. hat die Kennzeichnung: Jetzt kannst du nicht mehr arbeiten, jetzt bist du alt, das Leben ist vorbei, weil du der Gesellschaft keinen Nutzen mehr bringst. Und genauso wird es dann auch sein.

Diese tiefgehenden Suggestionen wirken voll und ganz und vor allem sind es Massensuggestionen mit einem enormen Erfolgsgrad. Hier an dieser Stelle sage ich euch, dem Geist ist alles möglich. Formt euer Leben mit eigenen positiven lebensbejahenden Suggestionen und befreit euch von den lebensverneinenden Fremdsuggestionen.

Es ist sehr wohl möglich, sein Leben neben der „Zeit" zeitfrei zu leben. Ihr müsst es nur wollen und daran glauben, denn wie euch bekannt ist, kann der Glaube Berge versetzen, und diese Berge gibt es wahrlich zu versetzen. Diese Berge sind vor euer Bewusstsein gesetzt worden, damit ihr nicht weit sehen könnt und kurzsichtig werdet. Und es gehört erheblicher Wille und Mut dazu, diese Berge zu überwinden. Doch bittet ihr den Vater um Hilfe, wird er euch über den Berg hinwegtragen. Und dann seht ihr plötzlich, dass hinter dem Berg etwas ganz anderes ist, als ihr jemals vermutet hättet. Also hört auf, euren Nächsten oder euch selbst daran zu messen, wie alt ihr seid. Sagt zu euch selbst: Ich habe kein Alter, ich bin eine zeitlose Seele und ich werde immer Seele sein. Denket daran, jetzt seid ihr in dieser Körperform hier, um weitere Aufgaben zu lernen und um es zur Meisterschaft zu bringen. Ja, seid Meister über euer eigenes Leben.

Als ein Meister setzt ihr selbst fest, wie lange ihr auf der Erde sein möchtet, wann und wie ihr eure Lebensaufgaben erledigen wollt. Lasst euch nicht mehr vom Glauben an die Kennzeichnungen der Zeit leiten, sondern vom Glauben an eure Unsterblichkeit. Und glaubt, dass ihr für alles, was ihr jetzt erlebt, auch selbst die Ursache gesetzt habt. Seid ihr der Beherrscher eurer Zeit und nicht umgekehrt. „Dem Glücklichen schlägt keine Stunde" ist eine alte Weisheit des Volkes. Ihr müsst es umgekehrt sehen: Wem es bewusst ist, dass für ihn die Zeitrechnung nicht zum Tragen kommt, ist glücklich. Er wird das ebenso durch seinen Körper ausdrücken. Er gehört dann körperlich zu den zeitlosen Menschen. Er ist einfach zu glücklich, um seinem Körper den Auftrag zu erteilen, dass er gefälligst zu altern habe - nur weil auf dem Kalender steht, wie viele Jahre er auf dieser Erde bereits weilt, und demnach die Zeit reif wäre, das er altert.

Das Leben ist dem Grunde nach einfach und eure Lebensaufgabe könnt ihr in eurem Erdenkörper erleben. Dieser Tempel des Lebens sollte von euch liebevoll behandelt werden und ihr solltet dafür Sorge tragen, dass ihr ihm zu essen gebt, dass er gesättigt, aber nicht übersättigt ist. Ihr solltet ihn liebevoll sauber halten und ihm die Bewegung, wenn möglich, in freier Natur schenken, die er benötigt. Er wird dann mit Freude seine Aufgabe wahrnehmen. Er gibt euch Signale, wie es um ihn steht, ihr müsst sie nur richtig deuten und darauf eingehen. Denn der Körper ist vergleichbar mit einer elektrischen Schwingung, die ständig in Bewegung ist und sich immer neu formatiert. Ihr könnt durch eure Anbindung an den göttlichen Geist Einfluss nehmen auf das Aussehen und die Beschaffenheit des Körpers. Darüber müsst ihr euch völlig im Klaren sein. Benutzt die Vorstellungskraft, gekoppelt mit der Liebe zu euch selbst und ihr werdet euren Körper mit Liebe mitgestalten. Der Ausdruck der Krankheit wird somit überflüssig werden. Ihr könnt so jederzeit aus der Gegenwart heraus die Zukunft beeinflussen und verändern.

Natürlichkeit ist ein Zustand, der sehr viel gibt, viel mehr als ihr euch denken könnt. Seid doch einfach der Mensch, der ihr „echt" seid. Lasst euch nicht von der Gesellschaft zu einer fremden Persönlichkeit formen. Das ist ebenso wenig erstrebenswert wie in die Zeitform gepresst zu werden.

Denn ihr müsst eines wissen: Dadurch, dass ihr eine fremde Rolle übernehmt, sei es durch die Art der Kleidung, sei es durch die Manipulierung eures Körpers, entfernt ihr euch immer weiter von eurem wahren Ursprung und von eurer Aufgabe in diesem Leben. Zu einer bestimmten Aufgabe, die ihr selbst übernommen habt, gehört auch ein dazu passendes Körperkleid ebenso wie das Umfeld, in dem ihr dann lebt. Eure Seele drückt sich in einer bestimmten Körperform aus. Sie hat diesen Körper gebildet als ihre Außenform.

Wenn ihr beginnt, euren Körper mit Gewalt zu verändern, kann die Seele sich nicht mehr so ausdrücken, wie sie es braucht, um im Außen wirken zu können. Ihr wendet euch damit von eurer wahren Persönlichkeit ab und formt eine andere, weil diese von bestimmten Gruppierungen eurer Gesellschaft als schön und begehrenswert dargestellt wird. Doch ihr müsst eines bedenken: Mit dieser veränderten Form, vergleichbar mit der Fassade eines Hauses, zieht ihr euch Partner an, die diese Form mögen. Aber es sind die falschen Partner, die ihr anzieht, denn euer wahrer Partner sucht euch in eurer Ursprungsform, und nicht in eurer veränderten Form. So kann er euch nicht finden. Und der Partner, den ihr mit dieser falschen Form angezogen habt, wird enttäuscht sein, wenn er bemerkt, dass euer Inneres nicht mit dem Äußeren zusammenpasst.

Lasst euch von eurer wahren Persönlichkeit, die euch die Natur mitgegeben hat, nicht wegdrängen, lasst euch nicht fremdsteuern, indem ihr willenlos einem Schönheitsideal hinterherlauft, und so zu einem angepassten Menschen werdet! Euer wahres Selbst wird so gebremst, wenn nicht sogar gehindert, sich frei auszudrücken. Es ist wichtig, dass ihr alles dafür tut, ein selbstverantwortlicher Mensch zu sein.

Jeder von euch hat sein Schicksal selbst gewählt. Dazu gehört, wo und mit wem ihr lebt, und in welche Lebensumstände ihr hineingeboren werdet, um das zu überwinden, was ihr in eurer letzten Verkörperung nicht geschafft habt. Die Überwindung dieser Schwierigkeiten zur Meisterung eurer

Lebensaufgaben, ist die größte Hürde in eurem Leben. Aber eben dazu habt ihr euch diesen Körper ausgesucht. Und wenn ihr es zulasst, dass andere über euch herrschen und euch steuern, indem Sie euch sagen, wie ihr auszusehen habt, verschenkt ihr eure gewollte Individualität, denn ihr seid einzigartig, jeder so, wie er ist. Aber wenn ihr es zulasst, alle nach einem gängigen Schönheitsideal umgestaltet zu werden oder es euch selbst antut, - z.B. durch Hungern, oder durch das Skalpell eines Schönheitschirurgen - macht ihr euch gleich. Mit der Zeit übernimmt das Außen dann die Führung über das Innere, weil eure Gedanken erschaffen. Eure Gedanken sind fremdgesteuert, wenn ihr euch umgestalten lasst. Aber eure Gedanken erschaffen eure Wirklichkeit, die Realität, in der ihr leben werdet.

Ich frage euch:

Was nützt es, wenn ihr in einem Gewand durchs Leben geht, das euch nicht passt, weil es einfach viel zu eng oder einfach viel zu groß ist?

Ihr müsst lernen, zu euch selbst zu stehen, euch so zu lieben, wie ihr seid. Durch diese Liebe zu sich selbst, gestaltet sich eure Körperform freiwillig und vor allem gewaltlos zu einer für euch angenehmen Form, in der ihr euch dann auch wohlfühlt. Denn gerade das ist sehr wichtig, ihr könnt euch nur wohlfühlen, wenn ihr wirklich ihr selbst seid. Das hat mit Ehrlichkeit zu sich selbst zu tun, denn wenn ihr zu euch selbst nicht ehrlich seid, sind es die anderen auch nicht zu euch! So arbeitet ihr mit Täuschung und Selbsttäuschung. Und beides ist nur mit großem Energieaufwand aufrecht zuhalten. Das aber wiederum verbraucht wertvolle Lebensenergie, die ihr euch somit selbst wegnehmt. Fehlende Lebensenergie entzieht euch die Möglichkeit, aus dem Vollen zu schöpfen, wenn es um die Meisterung einer Attacke auf euer Immunsystem geht.

Ihr könnt davon ausgehen, dass in diesen Zeiten und danach zahllose Angriffe auf euer Immunsystem stattfinden werden. Bakterien und Viren breiten sich immer mehr aus, weil die Sorgsamkeit und Achtsamkeit füreinander verloren gingen. Demjenigen, der diese Saat bedenkenlos ausstreut, auch wenn er sich nicht über die Folgen bewusst ist, ist es meist gleichgültig, was er damit den anderen antut. Oft wird alles aus einer Gier heraus nach noch mehr Reichtum verursacht.

Bedenket dieses! Deshalb achtet auf euch selbst. So seid ihr sorgsam zu euch selbst und prüft, was euch vorgesetzt wird. So schließt euch immer wieder aufs Neue an die göttliche Energie der Liebe an.

Selbstlose Liebe ist das einzige Gut, was überleben wird, weil es eins ist von Gott und eins mit Gott, und nur das ist ewiges Leben, das nicht nach dem Wie und Warum fragt, das niemals dich in Frage stellt!

„ Der Weg in die Freiheit „

Ich spreche jetzt zu euch von der Wiege der Menschheit. Könnt ihr euch vorstellen, was ich damit sagen will. Die Wiege, in der ein Kind sanft geschaukelt wird, ist warm und das Kind fühlt sich darin geborgen. Es nimmt diese Wiege als den Raum auf, der ihm Geborgenheit vermittelt! Sie ist das Zuhause, ein Umfeld, das dem Kind vertraut ist. Auch ihr Seelen habt eine solche Wiege - nur ihr habt vergessen, was sie für euch beinhaltet -, um euch zu wärmen und sanft zu schaukeln, und das Lied der Erinnerung tönt in eure Ohren, wenn ihr es zulasst, euch zu erinnern.

Ich werde für euch das Lied der Erinnerung sanft singen. Ich will euch die vergessene Melodie vorspielen. Ich will euch mitnehmen auf die Reise nach Hause und bin da, um dafür zu sorgen, dass jeder von euch, der dafür bereit ist, diese Melodie hören kann, dieses leise Summen der Liebe.

Leise raunt die alte Weise in den Blättern der Bäume, in den Feldern, den Wiesen, den Seen und Bächen. Der Abendwind trägt sie in die tiefe Nacht hinein, um vom Morgenwind an die Strahlen der Sonne weitergegeben zu werden, an den Tag, der dann wieder zur Nacht wird.

Doch, wo der Lärm der Städte diese Melodie übertönt, fällt es den Menschen sehr schwer, sie zu hören. Sie müssen sich sehr viel mehr anstrengen, sich für die Melodie zu öffnen und doch ist es möglich, sie zu hören. Nur wenn ihr eure Ohren verschließt, weil es euch unangenehm ist, euch selbst wahrzunehmen, geht es euch so wie einem Tauben, der nur versteht, wenn er sehr genau sehen kann, um vom Mund abzulesen. Aber wenn ihr eure Augen auch noch zumacht, seid ihr abgeschnitten, seid ihr isoliert.

Ihr werdet trotzdem in eurer Wiege sanft geschaukelt. Selbst wenn ihr nicht hört und nicht seht, könnt ihr zumindest noch fühlen. Aber was ist, wenn ihr euch auch diesem Sinn selbst verweigert, wenn ihr nicht mehr wahrnehmt, dass ihr liebevoll geschaukelt werdet, oder wenn ihr sogar diese Wiege zerstört und ihr unsanft auf den kalten Boden fallt?

Ihr sagt jetzt, so kann es doch nicht sein. Wer ist so töricht, seine eigene Wiege zu zerstören? Oder: Welcher Unmensch zerstört die Wiege seines Kindes? Doch ich sage euch: Das geschieht auf der Erde fortwährend und es liegen bereits viele Seelenkinder auf dem kalten Boden. Sie fühlen nichts mehr, sie hören und sie sehen nicht. Das einzige Verbliebene ist die Sprache des Weinens, das jämmerliche Schreien. Ihr zerstört eure Wiege, eure Erde immer mehr und es wird oft nicht einmal mehr aufgebaut, was zerstört wurde.

Erinnert euch an eure Seelen, denn jeder von euch ist eine Seele, die sich immer wieder neu verkörpert, um ihren Auftrag, ihre Lebensaufgabe zu erfüllen.

Ich gebe euch die Hoffnung wieder, die heute sehr oft in tiefen Seen der Tränen versunken ist. Ohne Hoffnung steht alles still. Wo keine Hoffnung ist, hat die Trostlosigkeit gesiegt und die Zeit ist dunkel, ohne jegliches Licht am Horizont des neuen Tages. Die Hoffnung bringt das verlorene Licht wieder zu euch zurück. Ich sage euch: Da ich unter euch bin, werde ich den Ton der Erinnerungsmelodie so laut anheben, dass selbst der Taube sie hören kann. Ich werde es exakt nur ein Mal im Leben eines Menschen tun.

Ihr könnt nicht sagen, ihr habt mich nicht gehört. Jeder kann es hören, nur wenn ihr die Wahrnehmung nicht zulasst und meine Botschaft erneut verleugnet, werde ich nicht noch einmal zu euch sprechen. Wenn ihr sagt: Wir haben es nicht gehört oder wenn ihr sagt, ihr habt mich nicht verstanden, so kann ich das nicht gelten lassen. Denn meine Sprache ist universell. Sie erreicht jede Seele, die hier weilt. Aber ob sie dann angenommen wird, obliegt dem freien Willen jedes einzelnen von euch.

Springt aus der Leinwand heraus, in die ihr hineinprojiziert wurdet, ohne es bemerkt zu haben. Formt euren eigenen Lebensfilm auf eure eigene Leinwand. Bewegt euch frei, ohne wie eine Marionette an einem Faden zu hängen, deren Enden von einer fremden Energie geführt werden. Es ist zunächst - zumindest scheint es so - sicherlich einfacher, am Faden zu hängen und sich nicht selbst eigene Bewegungen zu kreieren. Aber ihr seid dadurch unfrei, ihr seid ausgeliefert dem Gutdünken eures Spielers und es ist immer wieder dasselbe Spiel, dieselben Bewegungen im engen Umfeld. Ihr braucht keine Marionette zu sein, erschafft eure eigenen Lebensinszenierungen. Bewegt euch frei und ihr könnt allein oder mit anderen zusammen immer wieder neue Stücke kreieren, die weitaus mehr Spaß bringen, denn sie lassen euch spontan schöpferisch handeln. Was sind dagegen die langweiligen Marionettenspiele? Bewegt euch wie auf einer freien Wanderbühne, begeistert immer wieder aufs Neue euer Publikum, indem ihr nie wieder die langweiligen, sich stets wiederholenden Stücke vorspielt. Ich habe euch bereits einmal gesagt: Werdet wie die Kinder. Ein Kind spielt spontan, wenn es nicht vom Erwachsenen gemaßregelt wird. Es hat Freude dabei, ist fröhlich und lebt seine kreative Fantasie im Spiel des Lebens aus.

Es ist immer wieder dasselbe Spiel, das ihr da spielt. Ihr haltet solange an einer Rolle fest, bis es nicht mehr geht. Ihr seid dann so frustriert, dass ihr gar nicht mehr weitermachen wollt, weil ihr es leid seid, dass eure Gesichter langsam zu der Maske erstarren, die ihr euch anfangs als Tarnung aufgesetzt habt, um in eine Rolle hineinzupassen. Und diese Rolle spielt ihr oft von Kindheit an, weil ihr euer tiefstes Ich, euer wahres Selbst verwischt habt. Ja, oft habt ihr es regelrecht zugemauert, weil ihr Angst habt, ihr könntet mit eurer wahren Identität dem anderen, dem ihr bislang eine Rolle vorgespielt habt, nicht mehr gefallen. Und doch ist es der Akt der Aufdeckung, der Entkrustung, des Abwischens der Maske, der dann letztendlich wieder zur Befreiung führt!

Ich bitte euch: Legt die Masken ab. Es ist die Zeit dafür, denn der saure Regen wird kommen und der wird eure Masken wie mit einer Säure abziehen, die ihr auf einen Gegenstand gießt, um den wahren Untergrund wiederherzustellen. Doch dieses Verfahren ist sehr aggressiv und ihr könnt dem nichts entgegensetzen, wenn es einmal begonnen hat. Viel harmonischer und leichter ist es, wenn ihr euch rechtzeitig selbst davon befreit.

Die erste Befreiung ist die Ehrlichkeit zu euch selbst, denn nur wenn ihr absolut ehrlich zu euch selbst seid, könnt ihr dies auch anderen gegenüber sein. Ihr werdet so diese Ehrlichkeit selbst erleben! Das Spiegelbild wird es euch aufzeigen.

Die zweite Befreiung ist die Liebe zu euch selbst, damit meine ich, sich so zu lieben, wie man wirklich ist, nachdem ihr die Ehrlichkeit gefunden habt und lebt! Und auch hier denkt an das Spiegelbild.

Die dritte Befreiung ist die Erinnerung an euer wahres Zuhause, die Erkenntnis eurer Seele!

Wenn ihr jetzt in den Spiegel seht, erkennt ihr euer wahres geistiges Ich, das in eurem Körpertempel wohnt, aber bereits viele Körperformen durchlebt hat. Ihr werdet euch so ganz nackt sehen ohne jegliche Maskerade und Schminke. Ihr fühlt jetzt diese ungeschminkte Liebe zu euch selbst, ihr gebt diese Liebe weiter und ihr zieht Seelen an, die auch euch diese Liebe weitergeben. Ein glücklicher Kreislauf beginnt jetzt.

Schaut, ich werfe ein Glitzernetz in den Sternenhimmel. Es leuchtet und funkelt gleichsam den Sternen und es fängt etwas ein, ohne es festzuhalten. Es beherbergt, ohne einzuengen. Es sind liebevolle Wesen, die freiwillig sich dort einfinden und dann, wenn es zurückkommt, fliegen sie mit herein, sie lassen sich tragen auf der Woge des Äthers, der sich darin befindet. Diese Wesen haben gelernt, wirklich frei zu sein und dennoch mitzukommen, wenn ihre Hilfe benötigt wird. Sie geleiten jeden von euch, wenn ihr es denn wünscht. Sie sind gern an eurer Seite, um euch ihre Liebe zu zeigen, und dennoch handeln sie nach dem Prinzip der Freiwilligkeit.

Euer Wille ist frei, so will es der Vater und sie alle handeln danach.

Es sind eure geistigen Geschwister, die ihr mit euren physischen Augen nicht sehen könnt, die aber dennoch genauso real existieren, wie ihr es hier tut. Etwas nicht sehen, hören oder riechen zu können, bedeutet nicht gleichsam, dass es nicht da ist. Ihr müsst euch immer mehr angewöhnen, dass ihr lernt, eure Sichtweise zu verändern, euren Radius immer etwas weiter zu vergrößern. Anfangen solltet ihr damit, zu erkennen, dass nichts unmöglich ist und ihr zumindest euch die Möglichkeit einräumt, dass nicht alles mit euren irdischen Sinnen zu erklären ist. Damit öffnet ihr euch das Tor zu dieser anderen Welt, die ihr so nicht sehen könnt.

Doch eines müsst ihr wissen: Diese Parallelwelten könnt ihr mit euren irdischen Sensoren nicht so erfassen, wie ihr es gewohnt seid. Alles wird andersartig empfunden werden. Das, was ihr häufig mit Fantasie beschreibt, ist einfach die Erfassung dieser Welt und folglich könnt ihr mit diesen Formen auch nicht so umgehen (anfassen, etc.) wie mit den Formen, die in der euch vertrauten Materienwelt existieren. Wenn ihr z. B. durch ein geistiges Tor geht, könnt ihr das geistig fühlen, aber wenn ihr eure grobstofflichen Hände ausstrecken wolltet, um es zu berühren, könnte das nicht geschehen. Auch das ist eine Realität. Also, folglich könnt ihr auch Geistwesen nicht berühren, wie es euch untereinander möglich ist, wenn ihr in Menschengestalt auf der Erde seid.

Jede Realitätsebene hat ihre eigenen Formen, die in ihrer Beschaffenheit dieser jeweiligen Ebene angepasst sind, um dort existieren zu können. Folglich könnt ihr auch das, was ihr in Menschenform als Schatten zurückgelassen habt, nämlich die unerledigten Lebensaufgaben, auch nur hier wieder in dieser Form auflösen. Deshalb kümmert euch zu Lebzeiten um euer Seelenheil.

Einer Seele, die sich hier in der grobstofflichen Materieform manifestiert, um ihre Aufgaben zu meistern, steht hierfür nur die Zeitdauer ihrer irdischen Existenz zur Verfügung. Verliert sie ihren grobstofflichen Materiekörper, also beim Tod, ist sie nicht mehr in der Lage, das auszubügeln bzw. zu beenden, was sie sich vorgenommen hat - falls sie es bis zu diesem Zeitpunkt noch nicht geschafft hatte.

Stellt euch vor, ihr werft Müll in die Wüste und geht anschließend in den Regenwald, um dort zu leben. Euer Müll in der Wüste fängt an zu stinken, trocknet dann aus und bleibt aber dort liegen. Ihr werdet nun von einem Richter verurteilt, euren Müll eigenhändig wegzuschaffen oder ihr bekommt eine Freiheitsstrafe, falls ihr es nicht freiwillig tut, und müsst dennoch selbst wegräumen. Ihr könnt nun nicht von eurem neuen Wohnort im Regenwald aus dieses tun. Nein, ihr müsst wieder zurück in die Wüste, um euren Müll dann dort, an Ort und Stelle fortzunehmen.

Und was, glaubt ihr, werdet ihr vorfinden, wenn ihr die Erde verlasst als einen Müllhaufen? Ich sage euch: Ihr werdet dann in diesem Müllhaufen wiedergeboren werden, um die Früchte eurer letzten Inkarnation zu ernten!

Meine Worte waren und sind immer direkt, denn nur so können sie wirken und bewirken, ohne dass ich verletzen will.

Das Schwert der Wahrheit ist klar und scharf!

Solange ihr immer wieder von euch etwas zurücklasst, seid ihr nicht vollkommen und könnt nicht in Harmonie existieren. Also, müsst ihr immer wieder dorthin zurück, wo ihr ein Stück von euch zurückgelassen habt. Solange das noch möglich ist, d.h. solange diese Formebene noch besteht, ist das zwar mühselig, aber immerhin erfolgversprechend, denn zumindest besteht die Chance, sich zu vervollkommnen.

Aber stellt euch vor, diese Formebene existiert plötzlich nicht mehr oder hat ihre Form so verändert in ihrer Substanz, dass ihr dorthin nicht mehr zurückkehren könnt, weil ihr nun euer altes Kleid anhabt? Das wäre eine bittere Pille für euch, denn es würde bedeuten, ihr könnt euch nicht mehr vervollkommnen. Euch würde ein Stück fehlen, um dorthin zurückkehren zu können, wo diese Form gelebt wird. Ja, in der Ebene der Vollkommenheit, wo ihr die Form sein könnt, die ihr schon immer gewesen seid.

Ich will euch dabei helfen zurückzukehren, doch vorher müsst ihr die Brille des falschen Egos abnehmen, der euch eine Sichtweise beschert, die nicht der göttlichen Wahrheit entspricht.

Die Verzerrung der Wahrheit ist ein Lieblingsspiel der Programmeinheit, die sich menschlicher Verstand und Schlauheit nennt. Es ist zu vergleichen mit der künstlichen Intelligenz eines Roboters bzw. eines Computers. Was du eingibst, gibt er heraus, was nicht eingegeben wurde, existiert nicht und kann auch nicht benutzt werden. Nur zu oft habt ihr keinen Einfluss auf die Eingebungen, weil sie von außen an euch herangeführt wurden, ohne dass ihr sie beeinflussen bzw. verhindern konntet. Oft habt ihr sie noch nicht einmal gespürt und bewusst wahrgenommen. Es ist einfach so wichtig, dass ihr erkennt, dass es um Förderung geht, die ihr untereinander ausführen solltet. Förderung des anderen in seiner gottgewollten Einzigartigkeit ist, was euch auf eurem göttlichen Planweg weiterbringen wird.

Der Planweg ist nicht von vornherein festgelegt, aber er ist vorgezeichnet in einer Art Grobform. Diese Form ist wie eine Zeichnung, deren Umrisse so gestaltet sind, dass sie veränderbar sind. Dennoch bleibt dieselbe Form erhalten, nur die Abmessungen sind veränderbar und variabel. Damit ist es ganz einfach, diese Form in ihrem Ursprung zu erhalten, aber dennoch frei in ihrer Ausgestaltung zu sein. So könnt ihr euch gegenseitig an der Ausarbeitung helfen, aber ihr könnt nichts an dem verändern, was bereits von Geburt an vorgegeben ist.

Wenn ihr aufgrund einer Qualifikation oder aus seelischem Wissen heraus euch berufen fühlt, euren Mitmenschen zu helfen, ihren Weg zu gehen, so dürft ihr niemals deren Planweg eigenmächtig, ohne vorhergehende Absprache, verändern oder Manipulationen ausführen, die dem anderen seine Aufgabe, nämlich die Freiheit seiner eigenen Ausgestaltung, nehmen. Denn dann wird es so sein, dass ihr diese Aufgaben letztendlich erschwert, anstelle sie zu fördern.

Die Seele ist unantastbar, ist frei in ihrem Spiel, dass sie sich vorgenommen hat, und alle Helfer und Lehrer, die vom Vater gesandt wurden, genauso freiwillig, wie er den Menschen den freien Willen gegeben hat, halten sich daran. Sie begleiten in Liebe. Sie wissen um die ewigen geistigen Gesetze, die es einzuhalten gilt.

Da ihr so schnell vergesst, kommt es immer wieder vor, dass ihr zu schnell dabei seid, dem anderen zu sagen, wo es für ihn lang zu gehen hat. Damit habt ihr ihn bereits auf einen

Weg geleitet, den ihr meint zu kennen. Doch ihr könnt nur helfen, wenn ihr ihn frei, unterstützt durch eure Liebe, seine eigenen Entscheidungen treffen lasst. Ihr könnt ihm liebevoll den Sand aus den Augen wischen oder die Watte aus den Ohren nehmen oder die bittere Pille aus dem Mund nehmen, wenn er euch um Hilfe bittet, aber ihr könnt ihm nicht die Freiheit seiner Handlung wegnehmen.

Das Herz, das Zentrum seines Lebens, will frei schlagen, will Freude empfinden, will die Süße des Lebens filtern, ohne dass dort ein Führring angebracht wird, der mit Zwang leitet und Angst macht, wenn diesem Zugzwang nicht nachgegeben wird. Niemand hat das Recht zu bestimmen, wie ihr euer Leben erleben sollt.

Es sind jene Pfade am schwierigsten, wo nicht gesagt wird, wie der Weg verlaufen wird. Aber die Seele wächst an ihrer Verantwortung zu sich selbst und vor allem am Ganzen.

Das Ganze ist es, worüber ich mir Sorgen mache. Denn nur das Ganze in seiner üppigsten Form kann es schaffen, weiter zu existieren. Üppigkeit bedeutet Wachstum und Wachstum ist gleichzeitig der Beweis für Leben. Leben ist es, was weitergeführt wird in die Unendlichkeit hinaus. Leben begrenzt sich niemals nur auf einen Lebensraum. Leben ist überall im Universum zu finden. Leben ist aber nicht fest und ist nicht in einer gleichbleibenden Form gespeichert. Es ist überall dort, wo es sein will.

Leben an sich ist eine eigenständige Existenz einer Urform, die sich ausgebreitet hat, um ihresgleichen zu finden. Mit Finden meine ich nicht, dass das vielleicht geschehen kann, nein, mit Finden meine ich einen in sich eigenständigen Befehl, der sich aufmacht, um sich zu vervollständigen.

„ Das Gegengewicht der Schöpfung „

Das Leben in seiner Urform ist etwas, was ihr nicht fassen, und nicht sehen könnt, selbst wenn es direkt vor euch wäre und ihr sozusagen nur noch zu greifen brauchtet. Das Leben ist ein Hauch, ist der Atem Gottes, der diesen ausstieß, um zu gründen und um finden zu lassen. Der Mensch sollte sich nicht mit dem Schöpfer der Universen gleichsetzen und versuchen, es ihm gleich zu tun, indem er eigenes Leben entstehen lässt. Damit meine ich nicht die Zeugung, diese ist eine natürliche Folge des Ur-Atems. Sie basiert auf der Liebe und auf dem Wort Gottes, der seine Liebe gleichmäßig fließen lässt. Wenn die Wesen, die eben in die Eigenständigkeit geboren werden, ihren ersten Atemzug tun, so atmen sie den Atem Gottes aus und ein, zuerst ein und dann aus! Doch der Mensch sollte sich davor hüten, es Gott gleichtun zu wollen und künstliches Leben zu erschaffen. Denn dieses Wesen atmet dann einen anderen, eigenen Atem, der wider die Natur Gottes steht. Leider wurden diese Experimente bereits mehrfach durchgeführt. Doch aus diesen Wesen atmet bereits die Kälte des ewigen Todes, entgegen dem natürlichen Kreislauf der Geschöpfe Gottes, der niemals endet, denn dort ist der Neubeginn bereits im Ende enthalten.

Habt ihr euch nicht auch gefragt, warum wohl wird zunächst im Stillen und jetzt auch bereits in der Öffentlichkeit daran gearbeitet, künstliches Leben zu erschaffen. Dies ist ein Gegengewicht bzw. eine Gegenströmung wider die Geschöpfe

Gottes. Es wird keine Gemeinsamkeit geben, im Gegenteil. Das natürliche Leben, dass ja immer auf seine Form zugeht, wird sich abwenden und gleich einem Fluss, der nicht bergauf fließen kann, wird es zurückfallen auf seine Quellen. Die Quellen können letztendlich versiegen oder völlig unnütz im umliegenden Boden versickern. Und dann kann sich die Gegenströmung ungehindert verbreiten und letztendlich das Flussbett des ursprünglichen Lebens benutzen. Eine Fremdform wird sich verbreiten, so dass für die natürlichen Geschöpfe immer weniger Raum zur Verfügung steht und schließlich gar kein Raum mehr vorhanden sein wird. Das ursprüngliche Leben müsste weichen und sich neue Wege suchen.

Lasst es nicht so weit kommen.
Wehret den Anfängen!

Lasst es nicht zu, dass künstlich geschaffenes Leben verharmlost oder gar verherrlicht wird. Aus diesen Prototypen würden sich letztendlich nach anfänglichem Benutzen durch die Menschen zu eigennützigen Zwecken, was ebenfalls wider der Liebe steht, und weitere gezielte Entwicklungsarbeit exzellente „Kämpfer" herausbilden, die resistent gegen die Umwelteinflüsse wären, während das natürliche Leben weitaus größere Ansprüche an sein Umfeld hat. Diese Ansprüche resultieren aus der Gleichheit heraus, die die natürliche Umwelt mit ihren natürlichen Geschöpfen verbindet. Aber genau diese natürliche Umwelt liegt den neuen künstlichen Geschöpfen überhaupt nicht am Herzen. Sie benötigen weder saubere Luft, noch sauberes Wasser. Sie sind Maschinen gleich, die lediglich eine Wartung benötigen, um zu funktionieren. Und dieses hat ausschließlich mit der künstlichen Umgebung und Intelligenz zu tun. Sie wären imstande alle Erdreserven auszubeuten, und wenn diese dann nicht mehr vorhanden sind, würden sie nicht erneut aufbauen, denn sie sind nicht in der Lage aufzubauen, sie sind nicht dazu geschaffen worden, sondern dazu, zu zerstören. Sie empfinden keine Gefühle zueinander und auch sich selbst gegenüber sind sie ohne alle Liebe und Gefühle. Sie existieren auf eine ganz besondere Art und Weise, sie haben kein Gewissen, das sie untereinander verbindet, um zu überprüfen ob alles so getan werden kann. Sie sind reine Befehlsempfänger und empfangene Befehle werden auch nicht in Frage gestellt. Ihr könnt es euch so vorstellen: Es ist eurem Unterbewusstsein ähnlich, das ebenfalls empfangene Befehle ausführt, ohne vorher zu prüfen, ob die auszuführende Handlung gut oder böse bzw. falsch oder richtig wäre. Auch euer Unterbewusstsein ist ein Diener, der alle Befehle ohne Überprüfung ausführt, solange, bis ihm bewusst ein neuer Befehl gegeben wird, der den alten aufhebt. Doch mit seiner Unfehlbarkeit hat Gott seinen Geschöpfen das Gewissen gegeben, das sie früher oder später mit dem Ausgleich konfrontiert. Ihr könnt euch leicht vorstellen, was ein Geschöpf ohne Gewissen imstande ist zu tun. Wehrt euch gemeinsam gegen diese Erschaffung, noch ist es Zeit, wenn auch nicht mehr viel, die euch dafür gegeben ist.

„ Die Erleuchtung „

Liebe hat einen Namen, er ist nur nicht mehr sehr gebräuchlich in dieser Zeit, und zu oft wurde dieser Name nicht mehr in seiner Urbedeutung ausgesprochen oder er wurde vergessen. Doch wenn er in seiner Urform ausgesprochen wird, ist es so, als ob der Wind sich dreht im selben Augenblick. War es zuvor ein scharfer Nordwind gewesen, so ändert er blitzschnell seinen Ausdruck in eine warme, sonnenbeladene Brise aus dem Süden. Alle Winde gehorchen nur dem Einen, der durch sie spricht und der sie zuordnet nach dem, was sie darstellen im selben Augenblick des Geschehens. Die Winde haben einen Namen und sie werden gerufen, um zu gehorchen. Doch sie tun es immer mit Gehorsam dem gegenüber, der sie befehligt. Er ist immer allgegenwärtig.

Ihr seid ein Abbild Gottes, also sucht Gott nicht irgendwo in den himmlischen Gefilden, sondern mitten in euch! Jeder von euch hat eine Miniatur in sich, die göttliche Gegenwart, nur ist es hierzu notwendig, dass ihr dieses erkennt und es euch bewusst ist.

Es ist wie eine Botschaft eures Heimatlandes in einem fremden Land. Diese Herberge, diese Botschaft ist in euch angelegt, im Tempel eures Herzens, eures göttlichen Kerns, der leuchtet trotz aller Verschmutzung und der aber einer ständigen Reinigung bedarf, damit der Staub nicht überhand nimmt.

Wie jede Lichtquelle verliert der göttliche Kern seine volle Strahlung, wenn er verdreckt ist von Schmutzpartikeln oder - noch schlimmer - wenn ihr versucht, eine Mauer um ihn herum zu bauen. Wie töricht ist es aber, eine Lichtquelle, die von selbst strahlt, zu verdunkeln. Denn diese Quelle leuchtet euch den Weg des Lebens aus, damit ihr diesen findet ohne Schaden zu nehmen an eurer Seele, und sei es noch so dunkel um euch herum.

Ich sorge mich nicht um eure Körper oder um euer irdisches Hab und Gut, sondern ich sorge mich um euren Seelenleib. Dieser Seelenleib bedarf eurer Fürsorge, genau wie euer Körpertempel. Ihr müsst ihn ebenso ernähren, damit er stark genug ist, seiner Aufgabe, die er auf Erden zu erledigen hat, gewachsen zu sein. Er braucht weder Essen noch Trinken, weder Schlaf noch Freizeitgestaltung. Er benötigt vielmehr eure liebevolle Aufmerksamkeit, eure Hingabe, um mutig die Hürden des Lebens nehmen zu können.

Ihr seid es selbst, die bestimmen, wie alles in Angriff genommen werden soll. Ihr spürt es ganz genau, an euren eigenen Neigungen und an eurem ständigen Begleiter, dem Gewissen, wie ihr euren Weg gehen sollt. Wäre da nicht die Fremdsteuerung, auf die ihr euch eingelassen habt und von deren Würgegriff ihr euch oft nicht von allein, schlimmstenfalls gar nicht, befreien könnt. Ich sage euch: Wehret den Anfängen dieser Fremdbestimmung, die eure Seele wie einen Vogel einsperrt in einen Käfig, der euch gefangen hält. Die Befreiung ist dann oft sehr schwierig und es erscheint vielen sogar als unmöglich. Doch was wiegt mehr? Der Verlust von irdischer Materialisierung oder der Verlust der Freiheit für eure Seele? Die Seele ist nur frei, wenn sie ihren Aufgaben, die sie sich selbst gestellt hat, ungehindert nachkommen kann.

Stellt euch einen Sportler vor, der vor der Bahn steht, wo er an einem Hürdenlauf teilnehmen will, um die Hürden zu überwinden. Ob er der Sieger wird, ist hier zweitrangig. Wichtig ist, dass er daran teilnehmen kann und nicht am Boden festgehalten wird und so gar nicht wegkommt, um loszulaufen. Bedenket, ob ihr es selbst seid, dem es geschieht oder ob ihr derjenige seid, der den anderen daran hindert - für beide ist es das gleiche Vergehen. Der eine lässt sich das gefallen, der andere tut ihm das an. Was wiegt schwerer? Ich sage euch: Keiner von beiden handelt richtig! Es ist von großem Übel, die Hände in den Schoß zu legen und sich seiner Ohnmacht zu ergeben.

Oft werdet ihr durch eure Mitmenschen vor Prüfungen gestellt und oft ist es euer vermeintlich größter Feind, der euch durch sein Handeln die Möglichkeit gibt, eine Hürde zu überwinden und einen Sieg zu erringen. Denn würde er sich nicht zur Verfügung stellen, hättet ihr diese Chance nicht gehabt. So sind alle am großen Spiel des Lebens beteiligt und es gibt auch jene, die so verblendet sind, dass sie nicht mehr erkennen, wer sie sind und welche Rolle sie gerade spielen. Dann haben sie ihrem Ego - dem Programm ihres Lebens - die ganze Macht übergeben und dieses handelt eigenmächtig, ohne sich an die Verbindung zum göttlichen Kern zu halten. Das Herzzentrum ist somit abgeschnitten vom Handlungszentrum in euch. Und so entstehen die bitteren Missverständnisse zwischen euch, die dann, wenn sie nicht erkannt werden, zu Katastrophen führen.

Die Einfachheit in allem ist es, zu der ihr zurückkehren müsst!

Das einfache, unkomplizierte Leben ist es, das ich gelehrt habe und das ich euch immer wieder nahe bringen will.

Ich war schon immer auf der Seite der Einfachheit, der Natürlichkeit des Erlebens und der Taten. Meine Sprache basiert auf diesem Prinzip der Klarheit. Gottes Sprache ist ganz klar - ohne jegliches verstecktes intellektuelles Umfärben. Jedes unnütze Wort, das aus eurem Munde kommt, widerspricht dem göttlichen Gesetz der Klarheit. Ich wollte stets mit meiner Sprache euch alle erreichen, und ich habe mein Zugehen auf euch niemals abhängig gemacht von dem Bewusstsein des einzelnen und auf welchem Stand des Wissens er sich befand. Achtet darauf, dass eure Worte präzise, klar und heilend sind. Lasst es nicht zu, dass sie verletzen, weil sie im Zorn oder aus Enttäuschung heraus vorschnell ausgesprochen wurden. Übt euch darin, aus eurem Herzen heraus zu sprechen und zu handeln.

Stellt euch vor, da sind zwei oder mehrere Menschen, die sich gegenüberstehen. Jeder ist nackt und keiner hat materielle Vorteile gegenüber dem anderen, auch keine Vorteile hinsichtlich Bildung, noch jedwede andere Vorteile sind vorhanden. Die Sprache, aus einfachen Worten gebildet, weiß nichts anderes, als die Wahrheit zu sprechen. Also, es hat auch keiner einen Vorteil durch seine Sprache und keiner kann den anderen einschüchtern, weil er besser sprechen kann, denn die Wahrheit wird automatisch ausgesprochen. Wäre es so, so hätte keiner mehr Lust, nach Vorteilen für sich selbst zu suchen, weil es absolut sinnlos wäre. Denn was würde es letztendlich bringen, wenn alle Beteiligten sich nicht mehr verstellen könnten und gleichgestellt wären? Nichts, sage ich euch!

Sprecht aus dem Herzen heraus zu eurem Nächsten. Sagt ihm eure Wahrheit und lasst es auch zu, dass dieser zu euch seine Wahrheit sprechen darf. Seht es als eine Ehre an, wenn ihr mit der Wahrheit angesprochen werdet. Ermuntert den anderen dazu und ermuntert euch selbst. Die Sprache soll nur dazu dienen, die Wahrheit auszudrücken, damit die anderen sie verstehen, da das Zentrum für telepathische Übermittlung überwiegend geschlossen ist. Diese Kommunikationsform ist größtenteils in Vergessenheit geraten.

Euer Körper ist auf die Einfachheit hin erschaffen worden. Das Leben ist einfach und so ist es auch euer Körper. Die Kompliziertheit bringt nur das Ego, der programmierte Verstand mit sich und drückt dem einfachen Leben seinen Stempel auf. Wie schön ist doch ein unbeschwertes Lachen aus freiem Herzen heraus, dieses Lachen ist natürlich, ist einfach. Es drückt sich einfach aus. Ein Kind vermag dies noch am besten. Auch hier, seid wie die Kinder und ihr seid Gott nahe -

einfach und natürlich. Denn Gott ist Liebe, Einfachheit und Wahrheit. Wahrheit ist niemals kompliziert, sie ist einfach! Ein Kind kann es deshalb noch besser, weil die Zeitspanne der Programmierung des Egos geringer ist, als die eines Erwachsenen. Denn der erwachsene Mensch greift in seinen Handlungen immer wieder auf sein Programm in sich zurück oder ahmt etwas nach, was er meist von seinen Eltern, oder auch von seinem Nächsten übernommen hat. Dabei ist es ihm nicht bewusst, dass dieser Nächste ebenfalls ein Programm in sich trägt, das sich aufgebaut und sich wiederum durch andere und seinen eigenen Erfahrungswerten herausgebildet hat. Dieses Programm ist wie ein eigenes Standardprogramm, dass durch Hinzukaufen von Bausteinen aufgerüstet wird. Dieses geschieht oft durch Schulungen, die den Verstand aufrüsten aber die Belange der Seele zumeist außer Acht lassen.

Ihr werdet mich fragen: Wie aber sollen wir uns ändern, wo wir doch alle irgendwie in gesellschaftlichen Zwängen leben? So sage ich euch, sucht die Antwort in euch selbst.

Wendet euch dem Zentrum eures Herzens zu, wo Gott in euch lebt und ihr werdet die Wahrheit dort finden und die Antwort ist einfach!

Glaubt an eure unsterbliche Seele und wendet euch ihr in Liebe zu. Übernehmt die Verantwortung für euer Leben in vollem Umfang. Sagt nicht: „Der oder die sind schuld an meiner Misere. Wären die nicht, oder wäre dieser gewisse Umstand nicht gewesen, ginge es mir doch gut." Nein, gerade hier solltet ihr euch immer ganz bewusst machen, dass für alles, was euch geschieht, ihr es allein gewesen seid, die hierfür die Ursachen gesetzt haben. Solange ihr noch atmet, seid ihr in der Lage zu verändern, indem ihr neue Ursachen setzt, aber auch hierfür werdet ihr dann die natürliche Wirkung erleben. Nun kann es aber sein, dass ihr etwas gesät habt und die Früchte hieraus nicht mehr in eurem jetzigen Körpertempel erleben könnt. So seid gewiss, dass ihr dieses in jedem Fall in einem anderen Körpertempel erleben werdet.

Für die Seele gibt es keinen Tod. Sie kehrt durch die Gnade Gottes zurück, um aufzuarbeiten, was sie versäumt hat und um zu wachsen. Allein das Wissen und der Glaube daran, dass jeder für sich selbst in allen Konsequenzen zuständig und verantwortlich ist, bringt euch in die Selbständigkeit und in die Liebe und in das Verständnis hinein, das die Voraussetzung für ein erfülltes Leben ist. Es geht hier um die Erfüllung des von euch selbst vorgenommenen Lebensplanes. Ihr seid hier, um zu erfüllen.

Nun könnt ihr es euch sicherlich vorstellen, wie es ist, wenn der programmierte Ego-Anteil von euch entgegen dieser Erfüllung arbeitet. Es entsteht eine Disharmonie, die, wenn sie nicht behoben wird, in Krankheiten ausarten kann und sehr oft zur Aufgabe des Körpers führt, weil die Seele keinen anderen Ausweg mehr sieht, der Erfüllung doch noch entsprechen zu können. Diese Sehnsucht ist tief in euch verwurzelt und strebt danach, sich zu erfüllen.

Ein gebundener Sklave kann sich nicht frei entfalten, ist gefangen, und ein Gefangener kann nicht den Aufgaben nachkommen, die er nur in persönlicher Freiheit erfüllen könnte. Ein Galeerensträfling ist dazu verdammt, zu rudern. Wollt ihr das auch?

Befreit eure Seele von dem Sklavendasein dieser programmierten und beeinflussbaren Einheit eures kleinen menschlichen Ichs, das nur zu gern gehorsam ist, weil es auch dazu programmiert ist. Bedenket, der göttliche Vater von euch allen hat euch den freien Willen geschenkt und es ist niemals sein Bestreben gewesen, euch in Sklavenarbeit einzubinden. Er schreibt euch auch nicht vor, wie ihr zu leben und zu beten habt. Jede gewaltsame Bestimmung ist nicht von ihm! So wie er seine Tierwesen in Freiheit erschaffen hat, will er auch, dass ihr miteinander in gegenseitigem Verständnis und in Liebe zueinander lebt.

Gottes Schöpfungsplan hat es nicht vorgesehen, dass ihr einander tötet und quält. Alles, was anders geschrieben ist, entspricht nicht der Wahrheit meines Vaters!

Bemüht euch redlich, persönliche Veränderungen in eurem Denken und Handeln, das aus diesem Wissen heraus resultiert, durchzuführen. Damit meine ich, haltet euch stets wachsam vor Augen, was ihr gerade benutzt und von was ihr euch ernährt.

Es ist euch nicht von Nutzen, wenn ihr eure Hände ohnmächtig in den Schoss legt und euch eurem vermeintlichen Schicksal ergebt. Gott der Vater hat euch zu freien Wesen erschaffen und so sollt ihr auch leben. Das bedeutet auch Arbeit an sich selbst, denn von allein kann sich keine Veränderung ergeben. Also wartet nicht, bis der Vater etwas für euch erledigt. Dies wird nicht geschehen. Aber er hilft euch liebevoll, wenn er sieht, dass ihr euch sichtlich bemüht, eure Seele zu läutern. Damit meine ich, wendet euch in Liebe und Verständnis euch selbst zu, seid ehrlich zu euch selbst und beobachtet euch aufmerksam, um wirkliche Einsichten über euer Selbst zu erhalten.

Merket: Die göttliche Liebe ist ein Geschenk. Dieses kann aber nur übergeben werden, wenn der zu Beschenkende seinen freien Willen dahin gehend äußert, dass er bereit ist, dieses Geschenk auch anzunehmen.

Ich frage euch:

Wäre es wahrhaftig ein Geschenk, wenn der zu Beschenkende sich nicht darüber freuen würde, und es nicht vollkommen annehmen würde?

Sinn und Zweck des Daseins ist es, in Kooperation mit seinem göttlichen Erbe immer wieder vorzustoßen in die besetzten Reiche des Dunklen Fürsten. Dieser göttliche Teil von uns weiß, wer er ist. Nun ist es aber so, dass viele Menschen das nicht wissen wollen. Sie glauben denen, die da sagen, das alles gibt es doch nicht. Sie wollen dies so glauben, weil sie nicht sehen wollen, nicht erkennen wollen, was um sie herum geschieht. Es ist ein allzeit gutes Ding, wenn ihr der Wahrheit und der Wirklichkeit verbunden bleibt. Fürchtet euch nicht vor den Schatten der Nacht. Nur derjenige, der diese Schatten gerufen hat, der muss sich fürchten. Das Licht ist ihm dann fern und kann nicht zu ihm vordringen.

Haltet ein, einander weh zu tun; haltet ein, einander zu töten. Damit meine ich, dass es verschiedene Arten des Tötens gibt. Die am meisten verbreitete Art ist die unterschwellige, heimtückische Art, dem anderen seine Würde zu nehmen, indem ihr ihn aufs tiefste in seiner Liebe und seinem Vertrauen verletzt, indem ihr ihm die Steine der Verleumdung um den Hals legt, damit er im See seiner ungeweinten Tränen erstickt, weil die Bürde zu schwer um seinen Hals geworden ist. Glaubt nicht, dass diese Art des Tötens weniger wiege, als die offene Art ihn umzubringen. Die Zunge, mit der ihr sprecht, ist oft die einer Schlange, wenn ihr wie diese euer Gift hinaus zischt. Dieses Gift - nämlich eure Worte - entfaltet seine Wirkung, sobald es ausgespien ist. Deshalb hütet euch, voreilig Worte auszusprechen, die Übles anrichten werden. Ihr könnt diese Worte nicht mehr zurücknehmen, gleich dem Gift, das die Schlange in ihr Opfer spritzt, um es zu lähmen und dann zu töten.

Wenn ihr einander etwas zu sagen habt, so schaut euch dabei in die Augen, fühlt in euer Herz hinein, um dann zueinander zu sprechen. Die Wahrheit auszusprechen ist niemals falsch, denn diese Wahrheit aus dem Herzen kann niemals verletzen. Sie gibt dem anderen vielmehr die Möglichkeit, sich selbst genau anzusehen, und so kann er dann Einsichten gewinnen, die für ihn sehr nützlich sind.

Es ist jetzt an der Zeit unterscheiden zu lernen zwischen Freund und Feind. Oft sind es die geschmähten Feinde, die euch das meiste lehren. Sie konfrontieren euch mit der Notwendigkeit, zum rechten Zeitpunkt zu handeln, denn sie sind es, die euch sonst ernsthaften Schaden zufügen würden. Der Feind steht vor euch und zeigt es offen, was er will. Damit könnt ihr besser umgehen als mit einem vermeintlichen Freund, der euch, ohne dass ihr es rechtzeitig bemerkt, die Kehle durchschneidet. Dieser schafft es, weil ihr ihm blind vertraut und weil ihr nicht die Anzeichen seht, die er aussendet. Jeder kann, wenn er aufmerksam beobachtet, und sich nicht irreführen lässt, in den Augen des anderen lesen. Das sind oft nur Bruchteile von Sekunden, aber sie genügen, um diese deutliche Sprache zu erkennen.

Selbsttäuschung ist wie ein Betrug an euch selbst, wenn ihr euch vormacht, es sei doch alles gut. Und doch spürt ihr den Stachel im Herzen, der euch langsam vergiftet, wenn ihr ihn nicht sofort herauszieht, auch wenn das augenblicklich eintretende Schmerzen verursacht. Diese Wunde wird jedoch heilen, weil das Gift herausgeleitet wurde. Hingegen eine vor sich hin schwärende Wunde wird euch letzten Endes umbringen, das ist nur eine Frage der Zeit.

Die Mimik des Gesichtes täuscht oft eine Freundlichkeit dessen vor, der dich im nächsten Augenblick vernichten würde. Das negative Ego drückt sich auf diese Art und Weise aus. Deshalb achte auf den Ausdruck der Augen und handle dann danach. Wenn ihr dies stets aufmerksam tut, könnt ihr verändern, was zu verändern ist und könnt euer Leben nach dem Plan der Seele erleben, ohne auf falsche Wege zu geraten, die ins Abseits führen würden.

„ Die Befreiung „

Ich habe das Konzept Jesus von Nazareth in meiner damaligen Inkarnation abgeschlossen. Es ist viel über mich und mein Wirken in dieser Zeit berichtet worden, und nun ist es genug! Ich will nicht mehr auf dieses Leben zurückgreifen und ebenso wenig will ich euch missionieren. Das war niemals mein Bestreben. Vielmehr will ich euch heute meine ursprüngliche Lehre in Liebe weitergeben, will einfach direkt zu euch sprechen, erneut und doch ewig. Die Bereitschaft zu erkennen, was wirklich ist, ist jetzt in vielen von euch erwacht und diese Zeit bedeutet auch:

Erwachet aus eurem Tiefschlaf!

Erinnert euch, wer ihr seid, unter eurem Erdenkleid, das ihr gerade tragt. Verzweifelt nicht, weil ihr vielleicht in diesem Moment eures Lebens dabei seid, dieses Kleid durch bevorstehenden Tod zu verlieren. Glaubet nicht, dass es jetzt zu spät ist, um zu verändern. Ihr könnt verändern, solange der natürliche, göttliche Atem in euch ist. Es geht - wie ihr ja jetzt wisst - um eure Seele, die um Erkenntnisse ringt. Oft kann sie erst dazu übergehen, an sich zu arbeiten, wenn die programmierten Teile der menschlichen Persönlichkeit ihre Macht verloren haben, orientierungslos und so funktionsunfähig sind. Bedenket auch dieses und überlasst euch niemals der Ohnmacht. Selbst wenn der Mensch in einem äußerlichen, körperlichen Koma liegt, kann die Seele noch zu wertvollen Erkenntnissen kommen. Doch sollte dieser Mensch niemals an Maschinen angebunden bleiben, wenn er ohne diese hier nicht mehr existieren könnte, denn dann hat die Seele bereits entschieden, ihren Heimweg anzutreten. So lasst die Seele frei, wenn der Körpertempel auseinandergebrochen ist und er ohne Maschinen nicht mehr weiterexistieren könnte und somit funktionsunfähig wäre. Gebt sie frei, so können die Seelen in Gottes Händen aufgefangen werden, und wieder sanftmütig ins Leben dahin eilen. Sollten die Seelen aber ihre Erkenntnisse, die sie während eines Komas erhalten haben, dazu benutzen, in ihrem Körpertempel weiterleben zu wollen, so werden sie deutliche Signale senden und ein Weiterleben selbständig einleiten. Ihr könnt dann dabei helfen, dass es sich auch verwirklichen lässt.

Gewaltsames Festhalten durch Maschinen ist nicht im freiheitlichen Sinne des göttlichen Gesetzes. Jede Seele sollte selbst entscheiden können, wann sie ihren Aufenthalt im jeweiligen Körpertempel beenden und weiterziehen will. Lasst diese Entscheidung zu und verhindert sie nicht, denn es ist von Übel, dem anderen seine persönliche Freiheit zu rauben. Bedenket stets, dass es die Seele ist, die hier auf der Erde ihre Aufgaben leben und erfüllen will und nicht der Körper allein mit dem programmierten Ego-Anteil. Denn nicht nur die Natur, sondern auch eure Seelen, sind auf den Rhythmus der natürlichen Gezeiten angewiesen. Ihr seht und erkennt es doch schon, wie sehr dieser Rhythmus außer Kontrolle geraten ist, nur weil ihr Menschen kurzsichtig geworden seid und daraus falsche Handlungen ableitet.

Der Tod ist für viele Menschen immer noch ein Tabu-Thema. Alte und Kranke sterben oft einsam, werden allein gelassen, weil die Gesunden sich nicht damit auseinandersetzen wollen oder einfach Angst vor dieser Berührung haben. Das ist ja auch ein Bereich, mit dem man zu Lebzeiten keine Erfahrungen machen kann. Mit allen anderen Lebensbereichen kann die menschliche Persönlichkeit sich durch Üben auseinandersetzen. Übung macht ja bekanntlich den Meister! Nun steht der rational denkende Mensch einem Gebiet gegenüber, das er mit seinen menschlichen Sinnen nicht erfassen kann. Und das macht ihm Angst. Was also glaubt ihr, könnte euch hier weiterhelfen? Ich sage es euch! Vertraut und glaubt an den göttlichen Geist in euch selbst. Der kennt den Weg, er behütet euch, er tröstet euch und vor allem er liebt euch so, wie ihr seid. Also, vor was habt ihr Angst? Nehmt es doch einfach so an, dass ihr mit eurem Verstand nicht alles erfassen könnt!

Aber nun wieder zu dem eigentlichen Thema zurück. Der Mensch, der stirbt, wird sich in diesem Augenblick seines Alleinseins schmerzlich bewusst. Nun hat er vielleicht sein ganzes Leben lang verdrängt, dass er eine Seele ist mit einem grobstofflichen Körper und nicht umgekehrt. Er hat alles auf das Sichtbare gesetzt, hat sich davon abhängig gemacht. Nun ahnt er, dass all dieses Materielle vergänglich ist, dass er sich an etwas gehängt hat, dass er nun nicht mehr mitnehmen kann. Er hat seine Seele verleugnet und nun ist diese das einzige was ihm bleibt. Der Gedanke daran ist ihm fremd. Nun bitte ich euch, lasst ihn damit nicht allein, kümmert euch um diesen

Menschen, der vor diesem letzten Tor hinüber zur geistigen Welt steht.

Der Tod, wie ihr ihn euch oft vorstellt, und vor dem ihr auch Angst habt, wurde nur zu oft verdrängt und existiert so nicht. Er ist es, der euch euer altes Kleid abnimmt und sogleich ein neues in der Hand hält, um es euch zu geben. Wann ihr das alte ablegen wollt, bestimmt die Weisheit eurer Seele. Ihr könnt euch den Tod vielmehr als ein Tor vorstellen.

Der Tod bestimmt nicht, wann ihr das Tor passiert, nein, der stellt sich freiwillig zur Verfügung, um euch durchzulassen, wann immer ihr es euch so vorgenommen habt. Es ist immer nur der selbstherrliche menschliche Ego-Anteil, der sich an das Leben klammert, da er weiß, dass er vergehen wird und dass dies ein Gebiet ist, auf dem er keine Kontrollmöglichkeiten mehr hat.

Ich sage es hier ganz klar und deutlich: Es sind nicht eure Gebeine, eure jetzige Form, die wiederauferstehen wird, sondern es ist einzig und allein euer Seelenleib mit seinen gespeicherten Informationen, der wiederkehrt, um zu vollenden!

Beachtet, welch ein Geschenk des Vaters das ist! Großartig, unübertroffen! Deshalb achtet euer Leben und alle anderen Leben und betrachtet es als das größte Geschenk, das euch wiederfahren ist. Auch ich bin zurückgegangen zum Vater, um mein Schicksal zu erfüllen. Aber ich bin nicht euer Richter, der darauf wartet, zusammen mit dem Vater die Lebenden und die Toten zu richten. Welch eine Anmaßung! Werdet ihr jetzt sagen, dass passt zu mir nach all dem, was ich euch vorlebte? Nein und abermals Nein! Vielmehr seid ihr durch die allmächtige Weisheit des Vaters auf den Ausgleich programmiert, Ursache und Wirkung! Das ist wiederum das Prinzip der Einfachheit! Deshalb jammert nicht, wenn ihr gerade in einer Krise fest sitzt, sagt euch sogleich, dass ihr selbst die Ursache gesetzt habt, und dass ihr jetzt die Wirkung erleben müsst und lasst los durch Akzeptieren. Haltet ein, die Schuld euch selbst oder anderen zu geben. Nein, wisset, dass ihr genauso in der Lage seid, jetzt in diesem Augenblick der Erkenntnis, eine neue Ursache zu setzen, deren Wirkung ihr genauso präzise erleben werdet, wie es jetzt der Fall ist. Das ist Gerechtigkeit, wie sie vom Vater gesetzt wurde. Darum urteile nicht, auf das du nicht selbst verurteilt wirst und richte nicht, auf dass du nicht gerichtet wirst.

Ihr seid in diese irdische Welt gekommen, um geistig zu reifen, um zu lernen, was euer ureigenes Lebensthema anbetrifft. Jedes neue Leben ist somit eine Chance, ist ein Geschenk, dass euch die Möglichkeit gibt, an einer unerledigten Lektion weiter arbeiten zu können. Erst wenn ein Lebensthema vollständig abgeschlossen ist, kann der Mensch auch in Frieden sich davon lösen und hinüber in die geistige Welt gehen. Aber ist er mit sich im Unreinen, hat er ohne Erkenntnisse gelebt, dann stirbt er auch so. Dass heißt, er hält am Leben fest, weil er tief in sich weiß, dass er etwas versäumt hat. Und das Wissen um diese Versäumnisse macht ihm Angst. Das ist so, als ob ein

Reisender in einem fremden Land war, um etwas Wertvolles, was es nur dort gibt, mitzunehmen. Kurz vor dem Zielflughafen merkt er dann, dass er gerade dieses eine, für das er dorthin gefahren ist, nun nicht im Rucksack hat und unverrichteter Dinge wieder nach Hause reisen muss. Das Flugzeug steht schon bereit und es gibt für ihn keine Möglichkeit mehr, noch einmal zurückzugehen, um es zu holen. Sein Visum ist abgelaufen, er muss zurück! Genauso müsst ihr es euch vorstellen! Ihr seid Reisende mit einem Auftrag, den ihr euch selbst als Grund für diese Reise gestellt habt. Dieser Auftrag ist der Sinn eures Lebens. Dieser Sinn ist euch verschlüsselt mitgegeben worden in Form von ureigenen Potentialen, die in euch angelegt sind.

Ihr solltet wissen, dass auf diesem Planeten auch viele Wesen leben, die nicht menschlichen Ursprungs sind. Auch sie sind hier, um zu lernen, doch viele haben sich auch verirrt und wollen weiter, sobald es für sie möglich ist.

Ich lege euch allen ans Herz, kümmert euch rechtzeitig um euer Seelenheil!

Da können Tausende von Menschen um euch herum sein, in euch seid ihr allein mit euch selbst! Ihr kommt und ihr geht allein! Also, freundet euch von Anfang an mit euch selbst an. Ihr seid verantwortlich, ihr seid Liebe von innen heraus, die niemals versiegen kann, wenn ihr euch darum kümmert, die Quelle zu erhalten.

Stellt euch vor, wie ihr in einer ruhigen Minute, die jeder von euch für sich selbst täglich übrig haben sollte, mit eurem Bewusstsein in euer Herz hinabsteigt, um euch mit diesem Zentrum der Liebe zu verbinden. Als Gefühl stellt es sich als rosaroter Nebel dar. Verweilt dort mit Gedanken der Liebe zu euch selbst, und macht euch bewusst: Der Vater will, dass ihr freudig leben sollt in freier Selbstbestimmung. Gebt heilsame gute Gedanken weiter in euer Umfeld hinein und dann in die ganze Welt. Und wenn es euch ein Bedürfnis ist, so sprecht meinen Namen, unter dem ihr mich kennt, wie ein Mantra mehrmals aus und seid gewiss, ich kenne euch und ich will bei euch sein.

Es bedarf also keiner strengen Rituale, um in die göttliche Liebe zu kommen und ihr braucht auch nicht nach bestimmten Regeln zu leben oder zu büßen. Ich wollte euch niemals strenge Regeln vorgeben, nach denen ihr zu leben habt, vielmehr sollt ihr euer Leben in persönlicher Freiheit leben und nicht nach vorgeschriebenen Allheilregeln.

Wenn es euer Wunsch ist, Gotteshäuser und Kirchen zu besuchen, so soll es auch so sein. Aber es geht immer nur um das eine: Es muss auf der persönlichen Freiwilligkeit basieren und darauf, dass ihr auch diejenigen sein könnt, die ihr wirklich seid. Es hat absolut keinen Nutzen für euch und das Seelenheil, zu glauben, wenn ihr Buße tut in einem Gebet oder durch Opfergaben, sei euch automatisch vergeben und ihr geht dann wieder hinaus in eure eigene Welt und lebt wieder nicht nach dem Gebot der Liebe.

Bedenket erneut, ihr allein seid für euch verantwortlich. Es geht um das eigene Erkennen, dass ihr gefehlt habt, um die eigene Reue darüber und dann dürft ihr den Vater um Mithilfe bitten, so sei es. So könnt ihr einen neuen Pfad einschlagen, der zum Heil führt. Aber ein Weg des Heils kann niemals auf dem Leid eines anderen aufgebaut sein. Sonst ist dieser neue Pfad gleich vom Verderben begleitet und führt wiederum in ein Abseits, weg vom göttlichen Pfad. Erkenntnisse über sich selbst tun oft weh und sie sind der steinige Weg, von dem ich sprach. Aber wenn ihr mutig genug seid, gewissenhaft und ehrlich zu euch selbst, so wird es euch gelingen, diese Steine mit Freude wegzuheben. Bittet ihr dann aufrichtig um Mithilfe, sind die Diener Gottes, die Wesen des Lichtes an eurer Seite, um mitzuhelfen.

Die Diener Gottes - die ihr auch Engel nennt - wollen ebenso wenig angebetet werden wie ich. Sie tun alles freiwillig aus der göttlichen allumfassenden Liebe heraus. Sie sind für eure physischen Augen unsichtbar. Ihr könnt sie wahrnehmen, wenn ihr euer inneres Licht benutzt und eure inneren Augen öffnet. Dann zeigen sie sich euch in Liebe, wenn es so sein soll. Doch bedenket, sie lassen sich nicht benutzen von Menschen, um ihnen persönliche Vorteile zu bringen. Wird euch so etwas weisgemacht, so wendet euch von diesen Menschen ab und lasst sie unberührt. Sie haben ebenso das Recht, so zu leben, wie sie es für sich entschieden haben, auch ihnen geschehe nach ihrem Willen.

„ Die Macht der Fantasie „

Märchen berühren die Menschen tief in ihrem Innersten. Denn eure Seelen wollen leben in einem selbst kombinierten Märchenstück, das in einer farbigen Kulisse aufgeführt wird. Farben sind die Begleiter des Lebens auf der Erde. Ohne die Farben würdet ihr im Dunkeln umherirren. Alles wäre gleich! Aber, was glaubt ihr, wo kommen diese Farben her? Das Licht der Sonne bestrahlt eure Kulisse, ebenso tun dies der Mond und die Sterne. Die Schrift der Farben, die die Himmelsgestirne abgeben ist zwar ganz verschieden und doch hat es alles seinen vollkommenen Sinn. Tag und Nacht, Ruhe und Bewegung, alles hat seine in sich ruhende Ordnung. Die Farben begleiten dieses Schauspiel. Gestaltet euer Leben wieder farbig. Farben haben eine Bedeutung, die sie in sich tragen und die sie nach außen bringen, wenn ihr es in euch zulasst. Heilung eurer Seele ist so auch eine Frage des Farbenspektrums. Kennt ihr die Farbe eurer Seele? Ja, es ist so, jeder einzelnen Seele ist zugleich eine ganz bestimmte Farbe zugeordnet, die sie kennzeichnet. Die Farben verbinden Welten miteinander und durch eure Seelenfarbe seid ihr direkt mit Gott verbunden. Nur ist es so, dass die Bedeutung fast verlorengegangen ist. Vieles wurde wiederaufbereitet durch Menschen, die wenigstens einen Bruchteil des alten Wissens gefunden haben. Sie verwerten es auf ihre eigene Art und Weise, aber so ist es nur wie ein Tropfen Wasser auf dem heißen Stein!

Das Geschenk der Farben-Freude

Was wäre ein Leben ohne Farbenvielfalt?

Tief im Grunde eurer Seele schlummert das Wissen über die Farben des Lebens. Ich will es erneut aufbereiten, um es euch zufließen zu lassen. Denn nur so könnt ihr dieses wie eine gute Mahlzeit verdauen, ohne Magenschmerzen zu bekommen. Es besteht aus reinen Zutaten, die nur miteinander vermischt wurden der Vielfältigkeit zuliebe.

Alle meine Worte an euch sind umwoben von Farben,
die so zu euch fließen und tief in euch Erinnerungen hervor-
rufen!

Stellt euch einen riesigen Regenbogen vor, der hoch am Himmelsfirmament leuchtet. Welche Farben könnt ihr dort wahrnehmen? Ihr sollt diese Frage selbst beantworten, jeder für sich auf seine eigene Art und Weise. Ihr wisst doch, jeder von euch ist einzigartig und mit keinem anderen zu vergleichen! Und nun blickt tief in eure Seele hinein, so könnt ihr die Farbe eurer Seele erkennen. Sie zeigt sich euch. Nehmt wahr, hinterfragt nichts, nehmt einfach nur an. Sollte euch dieses schwer fallen, weil ihr vergessen habt, mit euren inneren Augen wahrzunehmen, so übt euch in Geduld. Wartet ab, bis ihr einen solchen Regenbogen mit eigenen Augen sehen könnt und prägt euch die Farben ein. Danach werdet ihr in der Lage sein, die Farbe eurer Seele zu erkennen. Sie zeigt sich euch, sie hebt sich hervor.

Nun da ihr wisst, um welche Farbe es sich handelt, vertieft euer ganzes Bewusstsein in diese Farbe. Sie gibt euch den notwendigen Halt, wenn die Farbe sich durch äußere negative Einflüsse verwandelt hat und es grau in grau in euch aussieht. Visualisiert die Farbe eurer Seele in ihrem strahlendsten Ausdruck und malt alles in euch neu damit aus. Und alles wird sich verändern, denn die Heilung erfolgt immer von innen nach außen!

Ihr könnt aber noch viel mehr mit dem Farbenspektrum experimentieren, denn jede einzelne Farbe hat noch eine weitere Bedeutung. Welche Farbe beispielsweise passt am besten zu eurem Erdenkleid? Hierzu gibt es aber, wie ich bereits sagte, Experten auf dem Markt, die dieses Wissen an euch weitergeben können. Fragt sie doch einfach, sprecht miteinander. Für mich persönlich zählt auch hier das Eine am meisten: Die Einfachheit macht es aus!

Malt die Kulisse eures Lebens farbenprächtig aus, genießt es, hier zu leben. Seid wie Kinder, die noch über die Fähigkeit des Visualisierens verfügen, sie lassen ihrer Fantasie freien Lauf. Was wäre auch ein Theaterschauspiel ohne eine farbenprächtige Kulisse und ohne die Geschichte, die der Fantasie entsprungen ist? Ihr seid erst wirklich alt, wenn ihr über keine Fantasie mehr verfügt.

Habt Ihr eine Ahnung, wie groß die Macht der Fantasie ist?

Viele von euch wollen davon nichts wissen oder ihr misstraut demjenigen, der euch wundersame Geschichten erzählt. Aber genau diese Fantasie ist es, die ihr für euer Lebensschauspiel benötigt. Ihr habt es selbst in der Hand, aus eurer Lebens-Grundgeschichte, mit eurem mitgebrachten Karma, eine spannende Lebensgeschichte herauszugestalten, mit der ihr auch die Lebensfreude aufzeigen könnt. Sollte sogar die Ausgangsstory traurigen Inhalts sein, könnt ihr sie mit wundersamer

Fantasie in ein Lebensmärchen mit positivem Ausgang umgestalten.

Alles ist möglich, wenn ihr daran aus tiefstem Herzen glaubt!

Lasst euch nicht von einem miesepetrigen kleinen menschlichen „Ich" die Suppe versalzen, der nur an das glaubt, was er sieht. Setzt es an die Stelle, wo es hingehört: Unter die Fittiche des Göttlichen „Ich Bin!" Erinnert euch an eure vom Schöpfer verliehene Macht, macht sie euch jeden Tag aufs neue bewusst, stärkt euch damit, so wird sie immer klarer, berührt eure verschlossenen Herzen mit dem Licht der Liebe. Und denkt nicht darüber nach, wie das gehen soll, seid euch einfach der göttlichen Gegenwart bewusst und lebt danach!

„ Der goldene Kern des Sieges „

Es gibt ein Tor zur Verdammnis, das in jedem Menschen angelegt ist. Doch nur wenn dieses Tor wissentlich geöffnet ist, kann das Böse aus dem dunklen Tor herauskommen. Das Böse wird versuchen zu betrügen und das Böse hat keine Skrupel, euch zu vernichten. Alles wird es versuchen, um zu seinem Erfolg zu kommen.

Wenn ihr bewusst sehen könntet, wie es unter dem sichtbaren Kleid der Erde aussieht, würdet ihr vor Furcht mit den Zähnen klappern. Aber euer Kind, dieses Unbewusste in euch, das sieht alles und kann es nicht einordnen, kann sich nicht mitteilen, außer mit seinen Gefühlen. Und wenn ihr keine Einheit habt in euch selbst, werdet ihr es nicht vermögen, den göttlichen Segen in vollem Umfang zu erreichen, um diesen in euch fließen zu lassen zum vollkommenen Schutz eurer Selbst. Deshalb erforscht euch bis ins Detail. Nur wenn ihr euch ganz genau kennt, werdet ihr den Sieg davon tragen über die niederen Gelüste, die von außen aus diesen Höllen in euch ungehindert hineinfließen.

Nun könnt ihr es euch leicht vorstellen, wenn ihr nicht einmal in der Lage seid, euch selbst zu meistern, wie wollt ihr dann alles, was ungefiltert von außen auf euch einströmt, verarbeiten? In der modernen jetzigen Welt übernimmt z.B. das Fernsehen, die Radiosender, aber auch die gesamte Medienwelt, Einfluss auf jeden von euch. Positive als auch negative

Informationen werden so an euch weitergegeben. Von überall her wandern versteckte Informationen in euer Ohr, weil es nach außen Worte nicht selektieren kann. Es ist darauf getrimmt, nur das bewusst wahrzunehmen, was es auch hört. Es gibt offene, aber auch verschlossene Laute. Es sind aber die verschlossenen, die den Schaden in euch anrichten können. Denn sie treffen euch wie ein Wurfpfeil aus Eis, der erst in euch auftaut, um dann in euch zu versickern. Aber genau das Versickerte ist es, das unbemerkt seine Saat in euch setzt und sie zum Wachsen bringt.

So ist die Lage heute. Stellt euch vor, eine Schlacht soll stattfinden. Ein Heer steht in der Mitte und glaubt, im Morgengrauen findet der Kampf statt. Aber der Gegner hat das feindliche Heer schon längst unbemerkt umzingelt und hat es eingeschlossen. Er braucht nur zuzuschlagen und kann es jederzeit tun. Ehre und Wahrheit kennt er nicht. Aber er tut es noch nicht, weil sich im Kern des Heeres einige unerschrockene gefürchtete Kämpfer befinden, die sich freiwillig in die Mitte hineinbegeben haben. Diese Kämpfer wissen, von hier aus können sie am besten verteidigen. Denn es geht hier nur noch um die Verteidigung. Die Menschen, die an sie glauben, haben sich um sie herum gruppiert. Die anderen Menschen, die von dieser Mitte nach draußen gegangen sind, werden sie als erstes hinwegfegen.

Doch das genügt der dunklen Seite nicht, sie wollen möglichst alle vernichten. Um das zu erreichen, versuchen sie noch möglichst viele derer, die in dieser Mitte stehen, herauszulocken in die Irre, weg von dem Glauben an den Sieg des Guten. Dafür benutzen sie alle Tricks der sichtbaren Welt. Sie haben ihre Verführer - in allen Verkleidungen, auf die die Menschen hereinfallen - gesandt. Sie blenden die Menschen und sprengen ihr vernunftmäßiges Denken. Und dennoch, ihr müsst euch dieser Welt stellen. Denn wenn ihr etwas meidet und immer darum herumlauft, habt ihr in Wirklichkeit Furcht vor dem, was ihr meidet. Da müsst ihr euch fragen: Was in mir rennt davor weg, kann es sein, dass ich mir selbst nicht im Ganzen vertraue? Ich traue mich nicht hineinzugehen und doch muss ich es tun. Hier geht es um Konfrontation zwecks Eigenprüfung. Wie kann ich mir sicher sein, dass ich es schaffe, dem zu widerstehen, was mir und anderen schaden könnte? Es ist der Umgang damit, der ausschlaggebend für das Resultat ist. Und nur das Resultat zählt, einzig und allein!

Viele spirituelle Menschen laufen z.B. um das Geld herum, wie um ein gefährliches Feuer. Sie haben Angst, weil sie glauben, es sei gefährlich und sie könnten Schaden davon tragen, wenn sie in Berührung damit kommen. Aber ich sage euch: Was soll es euch tun, wenn ihr hingeht und von diesem Feuer nehmt, und dabei sorgfältig seid! Ihr könnt euch von diesem Feuer bedienen, ihr könnt Teile dieses Feuers in eine neue Umgebung bringen, damit auch andere sich daran wärmen oder sich Speisen darauf zubereiten können. So kann es gute Dienste verrichten. Wenn ihr es aber nehmt, um anderweitig einen Brand zu entfachen und wird es so negativ benutzt, ist auch dies euer freier Wille. Also frage ich euch: Ist es das Feuer oder ihr selbst, die hier Schaden anrichten können?

Ein wilder Stier, den ihr in Ketten gelegt habt, wurde dadurch nicht zahm. Im Gegenteil, er ist in der Zwischenzeit noch wilder geworden und wartet auf den passenden Moment, um sich zu befreien. Gebt ihm also den Raum, den er braucht, um sich auszutoben und einen Weideplatz, und er wird friedlicher werden. So ist es auch mit den niedersten Emotionen in euch selbst. Wenn ihr sie fesselt, werden sie danach trachten, sich zu befreien und sie werden jede Gelegenheit eurer Unachtsamkeit ausnutzen. Sie preschen davon und bilden Geschehnisse in der materiellen Welt. Eine einsichtige Vernunft kommt hier dann zu spät. Deshalb bleibt unbeirrt in eurer Mitte und ihr werdet Schutz finden, denn in dieser Mitte ist euer göttlicher Kern verankert. Der Anker kann nur mit Gewalt von euch selbst entfernt werden. Aber ich warne euch eindringlich, tut dieses niemals und gebt euren Glauben an die göttliche Allmacht in euch niemals auf. Wenn ihr diesen Anker entfernt, werdet ihr wie ein Boot sein, das hilflos den Elementen ausgeliefert ist, denn dann werdet ihr niemals mehr die Möglichkeit haben, dort zu ankern, wo es euch gefällt. Ihr seid dann hilflos ausgeliefert auf Gedeih und Verderb.

Bleibet zusammen, scharrt euch um den Hirten herum wie eine Horde Schafe. Dann kann euch dieser Hirte auch beschützen. Denn so hat er die Mittel und die Möglichkeiten dieses zu tun. Entfernt ihr euch aber und lauft hinaus, so wird der Hirte dir nicht mehr hinterherlaufen können, denn dann gefährdet er die übrige Herde. Bleibt euch treu, lasst euch nicht verführen, wenn da einer ist, der sagt: „Ach komm doch heraus, hier sind viel bessere Gräslein, die dir wohl munden werden. Was schert dich das, was da in dieser Mitte ist, ist es dir nicht viel zu langweilig, immer dort zu sein. Komm doch hier her, hier gibt es viel Besseres für dich zum Fressen und es ist doch auch noch viel leichter zu erreichen."

Treue ist das ausschlaggebende Wort! Was bedeutet es für euch? Ich sage euch: Seid euch selbst treu!

Was heißt für euch: „Dir" und was „selbst"? Es seid ihr in euch selbst! Damit ist euer göttliches Ich-Selbst gemeint!

Der Vater gab euch einen Teil seiner Selbst, damit ihr diesen bewahrt in Treue. Sein Selbst ist es, was er euch gab, dies ist seine wahre Liebe, denn unvoreingenommen liebt er euch. Seine Liebe zu euch ist das Sprungbrett aus all dem Elend heraus, in dem ihr euch befindet.

Ich frage euch: „Kann eine Insel, die inmitten des tobenden Ozeans liegt, auf Dauer überleben?" Nein! Das Wasser frisst das Land weg, weil es hier stärker ist!

Es kann also nur eine Insel überleben, die sich dem vorherrschenden Element hingibt, weil sie akzeptiert, dass das Wasser stärker ist, und sie sich nicht dagegen stemmt. Sie sollte ihre Verwurzelung aufgeben und mit den Wassern mitschwimmen, solange, bis sie zu weiterem Land getragen wird und sich mit diesem zusammenschließt. Dann wird das Ungleichgewicht ausbalanciert und beide können so, wenn das

Gleichgewicht besteht, nebeneinander existieren. Und so kann das Wasser das Land bewässern und es fruchtbar machen.

Trachtet danach, eure menschliche Vernunft ethisch auszurichten und begebt euch ganz bewusst unter die Führung eures göttlichen Kerns in euch, lasst euch vertrauensvoll führen und leiten durch die göttliche Vernunft. Lebt danach und sagt euch selbst:

Nicht mein menschlicher Wille geschehe, sondern mein in mir ruhender göttlicher liebender Wille soll geschehen!

Stellt euch hierzu einfach vor, wie der göttliche liebende Vater euch an eurer linken Hand, der Hand eures Herzens hält! Aber ihr müsst auch eure menschliche Vernunft gleichzeitig benutzen auf dem Wege des Lebens. Stellt euch unter den Schutz des Höchsten, seid euch bewusst, er lässt euch nicht los, wenn ihr euch selbst nicht losreißt. Vertraut ihm bedingungslos, selbst wenn die Wogen des Lebens euch zum Wanken bringen, haltet durch, im unerschütterlichen Glauben an die Liebe des Höchsten zu euch!

Oft sind seine Wege für euer momentanes irdisches Bewusstsein nicht zu verstehen und sind nicht nachzuvollziehen, aber wisset, hinter der Mauer, die ihr nicht zu überblicken vermögt, geht es weiter! Gott sieht diesen Weg bereits, er kennt den Weg der Seele in allen Einzelheiten im Voraus und doch lässt er euch euren Lebensweg in persönlicher Freiheit gehen. Wenn es euch erst einmal bewusst ist, was das bedeutet, werdet ihr niemals mehr jammern und nach Schuldigen für euer Leid suchen, sondern ihr werdet euch daran erinnern, dass Gott eure linke Hand hält, aber euch nicht über die Hindernisse des Lebens hinwegtragen wird! Schließlich werdet ihr den Mut so wiederfinden, dem Leben ohne Angst entgegen zu treten.

„ Das Ende der Welt ? / Teil III „

Hört weiter meine Worte, die ich nachfolgend an euch weitergebe. Sie sollen dazu dienen, dass ihr aufwacht und euch daran erinnert, dass ein jeder von euch selbst verantwortlich ist für sein Schicksal und dass ihr euch trotz allem, was vor euch steht, daran erinnert, dass ihr niemals allein seid. In vielen Gebieten, wird es in den Zeiten, in denen sich der Sommer aufhielt, kühler werden. So ist die Sonne oft verdunkelt, wo sie vormals mit ihrer vollen Wärme den Segen gebracht hat. Dafür wird es in Gebieten, die sich mit der Kälte seit langer Zeit arrangiert haben, wärmer werden.

Die Sonne und der Mond bilden eine Symbiose mit der Erde, aber diese wurde bereits erheblich gestört durch die unnatürlichen Eingriffe der Menschen. Und wo eine Einheit, die auf reibungslose Funktion eingerichtet war, durch Fremdeinwirkung gestört wird, wirkt sich das immer so aus, dass es anfängt zu haken, wie ein Uhrwerk, in das ein Fremdkörper hineingeraten ist. Zuerst versucht es sich weiter zu drehen, verändert aber ab diesem Zeitpunkt seine natürliche Schwingung und fängt an zu stottern, wenn dieser Fremdkörper nicht herausgenommen wird. Genauso verhält es sich mit dem Kreislauf der Erde. Es werden Veränderungen eintreten, die ihr auch am Gesamtklima der Erde erleben werdet. Die euch bekannte alte Ordnung, auf die ihr euch stets verlassen konntet, bricht auseinander.

Die Jahreszeiten verschieben sich, das Klima verändert sich immer mehr. Chaos des Wetters zeigt sich euch und alle werden immer mehr selbst spüren, dass die Ordnung der Natur durcheinander gekommen ist und das wirkt sich unweigerlich auch auf euer Leben mit aus. Ihr sitzt alle in einem Boot! Entfernt den Fremdkörper sofort aus dem Präzisionsuhrwerk von Mutter Erde, ansonsten werdet ihr alle miterleben, wie es ist, wenn euch der Boden unter den Füssen weggezogen wird. Doch denkt daran, ihr alle könnt auf eure eigene Art und Weise dazu beitragen, dass dieses Gesamtproblem bewältigt werden kann. Nutzt eure eigenen Möglichkeiten hierzu, und zwar sofort! Leider haben bisher nur wenige von euch reagiert auf die bereits gegebenen Warnungen und Zeichen.

Glaubt ihr nicht auch, dass es jetzt an der Zeit wäre zu reagieren, anstelle sich wagen Hoffnungen hinzugeben?

Seit Tagen hatte ich kein Tageslicht mehr erblickt und die klare Sicht war nur noch als eine Erinnerung in meinen Gedanken vorhanden. So wandelte ich verwirrt und mit mir ganz allein durch diese unwirkliche Dunkelheit, die wie eine wabernde schwarze Masse sich vor meinen Augen präsentierte. Ich hatte den Eindruck, als ob sie mich einnehmen wollte, um mich in die endlose Leere zu ziehen. Mir war nicht ganz wohl bei diesem Gedanken, zumal diese Dunkelheit mir lebendig erschien und es mir vorkam, als ob sie mir folgen würde und nur auf ein Zeichen wartete, um zuschlagen zu können. Es übermannte mich eine Art Fluchtinstinkt und ich rannte davon. Plötzlich hörte ich hinter mir ein tosendes Geräusch, das ich zuerst nicht einordnen konnte. Ich drehte mich um und sah einen gewaltigen Wirbelsturm wie aus dem Nichts hervorkommen. Er ereilte mich, schloss mich ein. Eine eisige unangenehme Kälte, schlug mir ins Gesicht. Die Luft in mir staute sich und ein Gefühl der Beklommenheit in meiner Brust machte sich breit. Der Druck, der meine Atemwege immer mehr zuschnürte, blockierte für kurze Zeit meine gesamte Atmung. Panik überkam mich. Doch dann ließ er von mir ab und zog weiter!

Nachdem ich wieder Luft bekam und in mir ruhiger wurde, fühlte ich unsagbare Schmerzen. Stechende Schmerzen, die nicht aufhören wollten, fuhren durch meinen ganzen Körper. Die eisige Kälte ließ meine Arme und Beine kraftlos und steif werden. Sie übte einen derartigen starken Zwang auf meinen

Körper aus, dass ich zusammenbrach und unsanft auf den schneebedeckten Boden stürzte. Kaum vernahm ich das dumpfe Geräusch meines Zusammenbruchs, überkam mich im gleichen Augenblick eine große Hoffnungslosigkeit, die mir meine letzte Kraft raubte.

Jetzt, da ich am Boden zerstört war, um mein Leben kämpfte, tat ich, was ich noch nie in meinem Leben zuvor getan hatte: Ich betete zu Gott und bat ihn, mir in dieser schweren Schicksalsstunde beizustehen. Ich hatte früher von vielen anderen Menschen, die ich in der Öffentlichkeit verhöhnt und verlacht hatte, vernommen, dass Gott jedem zur Seite steht, der an ihn glaubt. Sie sagten, dass in der Tiefe des Glaubens die Macht Gottes verankert sei. Er vollbringe nur dort die Wunder, die von vielen Menschen als nicht existierend abgetan werden, jene Wunder, die es nur in Märchen gäbe und die nur in unserer Fantasie zu Hause wären. Mir blieb nichts anderes übrig als zu beten und an ein Wunder zu glauben, denn mein Körper war nur noch eine Hülle, schon so gut wie dem Ende nahe. Das einzige, was ich noch besaß, war mein Geist und mein inneres schmerzendes Sein, das um Hilfe flehte.

Ich wusste, dass die Stunde der Wahrheit für mich gekommen war und aus dieser Erkenntnis heraus wurde mir eines ganz klar und deutlich: Ich hatte versagt, was den Sinn meines Lebens anbetraf. Ich schämte mich zutiefst, als ich darüber nachdachte, wie ich ein Leben ohne Liebe, fern von Gott und fern von mir selbst geführt hatte. Und jetzt war ich nicht mehr als ein kleiner Wurm, der auf der kalten, feuchten Erde dahinkroch und hilflos der Dunkelheit ausgeliefert war. Ich sehnte mich nach einer starken Hand, die mich berühren und aus dieser misslichen Lage befreien würde. Aber nichts dergleichen geschah, sondern einsam und allein gelassen sah ich meinem Schicksal mit einer unvorstellbar großen Angst entgegen. Diese Angst beugte mich in meiner Not noch mehr. Erniedrigt und gleich dem Winseln eines Hundes jammerte ich vor mich hin und schrie um Erbarmen.

Da wurde mir immer mehr bewusst, wie ich all die Jahre nach außen den Schein des Großen gespielt habe, während mein wahres Ich einfach nur jämmerlich klein war. Die Wurzel allen Übels, der Hochmut, überschattete mein wahres Sein nach außen und nach innen. Das Gegenteil von mir blieb in mir verschlossen und verkümmerte. Wie habe ich nur alles in mir überspielt und falsch abgelichtet, damit ich etwas darstellen konnte, um mich hervorzuheben. Leider bemerkte ich dabei nicht, wie sehr ich mich immer mehr von mir entfernte und mich ins falsche Licht rückte. Ein Licht, das mich nur noch mehr blendete und die wahre Sicht des Lebens von mir fern hielt.

Ich haderte mit mir selbst, dass ich nicht auf die Vorboten gehört hatte, die meinten, das es der göttliche Funke des All-Geistes in uns Menschen selbst sei, der uns alle aus unserer Not befreien könnte, wenn wir uns wieder in uns vereinen und unseren Glauben fest in uns verankern würden. Sie sagten: „Die Liebe ist die Kraft und die Allmacht aus der alles heraus entsteht."

Zur damaligen Zeit konnte ich nicht verstehen, was Ihre Botschaften aussagen wollten, aber jetzt öffnete sich mir eine verborgene Tür und ich konnte plötzlich meine innere Stimme wieder wahrnehmen, die ich zuvor so oft überhört hatte. Ja, ich habe mein Leben nur nach den Regeln und Erwartungen der äußeren Gesellschaftsform gestaltet und habe mich zu oft beeinflussen lassen. Mein wahres Gefühl über das Leben, das ich persönlich lieber hätte führen wollen, ignorierte und vernachlässigte ich, zugunsten des Prestigegehabes, das ich nach außen darstellen wollte. Die jetzige erschütternde Erkenntnis über meinen Lebenswandel entriss mir meine Starrsinnigkeit und meinen falschen Stolz. Das alles habe ich in dieser Schreckenszeit hinter mir gelassen. Ich bin nicht mehr derjenige, der ich einst war. Nein, mein Schein, den ich nach außen abgab, wurde zerbrochen, mein wahres Gesicht kam zum Vorschein und ich zeigte es auch. Mir wurde immer mehr bewusst, wie ich durch diesen falschen Weg, mein Herz verschlossen habe, über das ich die wahre Freiheit hätte erlangen können.

Grausames Entsetzen stand in meinem Gesicht geschrieben und meine Augen spiegelten die Leere der Hoffnungslosigkeit wieder. Wenn es nicht so dunkel und so nebelig gewesen wäre, hätte sich selbst die Nacht vor mir gefürchtet. Allein diese Vorstellung über mich selbst machte mir noch mehr Angst.

Meine Schreie nach Erbarmen wurden immer leiser und kraftloser, da mich die Kälte dazu zwang, langsam aber sicher zu verstummen und unbeweglich zu werden. Mir blieb jetzt nichts mehr anderes übrig als meine Gedanken nur noch auf ein einziges Ziel zu richten, dass da lautete: „Ich will zu mir selbst kommen." Ich wandte mich mir zu und redete mit mir, als ob ich mit einem fremden Menschen kommunizieren würde, denn soweit habe ich mich schon von mir persönlich entfernt. Mir wurde abermals bewusst, dass ich mein Selbst gegen eine fremde Form ausgetauscht habe. Mir blieb nichts mehr anderes übrig als zu weinen und in Selbstmitleid zu versinken. Hätte ich eine Möglichkeit gehabt, anders aus dem Leben zu scheiden, so wäre ich diesen anderen Weg gegangen und hätte ihn vollendet. Dies war jetzt jedoch nur ein letzter Wunsch, dessen Erfüllung zu diesem Zeitpunkt unmöglich war, da mir kein Ausweg aus dieser misslichen Lage blieb. Ich sprach zu mir selbst und erbat mir einen letzten Gefallen: „Ich will nicht länger leiden und sofern es einen Gott gibt, der in mir ist, bitte ich dich, mich in dieser schweren Stunde zu erhören und mein Wort zu empfangen, auf das ich ins Licht emporsteigen kann. Lass mich dein Wort empfangen, damit die Kälte aus mir herausgezogen wird, die sich in meinem Körper eingeschlichen hat, wie ein Dieb in der Nacht, um meine Seele zu rauben, damit sie qualvoll dahinsiecht und ins Dunkle hinabfällt. Lass meine Seele nicht in eine dunkle Schlucht niedergehen, in eine dunkle Schlucht, aus der keiner entrinnen kann, der sich dort einmal befindet."

Gefangen in meinem Leid und in meinen Schmerzen, die mir unendlich erschienen, waren es nur Minuten, die mir wie Tage vorkamen. Ich vertiefte meine Gedanken immer mehr auf mich selbst und auf die Macht der wahren Liebe, die mit Gott verbunden ist. Worte, die einst ein junger Mann vor einer großen Menschenmenge ausgesprochen hatte, um uns alle vor diesem Leid, das ich jetzt in mir verspürte und in meinem Leib erlebte, zu bewahren, waren meine letzten Erinnerungen vor der Zeit der Wende, dieses unbeschreiblichen Grauens. Er sprach immer wieder von der inneren Befreiung und der darauffolgenden äußeren Freiheit, die ein jeder erleben wird, der sich wieder an die vollkommene Macht der Liebe anschließt und an seine innere göttliche Führung unerschütterlich glaubt, denn gemeinsam mit Gott ist alles möglich!

Mir blieb nichts mehr anderes übrig, als diese Worte, die in mir schlummerten, anzunehmen und tief in meinem Herzen zu glauben oder zu kapitulieren in meiner aussichtslosen Lage und meinen bevorstehenden Tod zu akzeptieren. Mein Herz pochte nur noch sehr schwach und meine Gliedmaßen waren vor lauter Kälte dem Erstarren nahe, aber ich konzentrierte mich auf mein Innerstes und suchte den sogenannten Gott in mir, der so oft schon verkündet wurde. Meine Gedanken waren nicht von Zorn oder Zweifeln befallen, nein. Ich hatte den Glauben in mir wiedergefunden und befreite mich dadurch von meinen Ängsten, die mich innerlich zerrissen und mir ein Gefühl des Ausgeliefert-Seins übermittelten. Durch meinen Glauben überwand ich die erste Schreckenshürde und ging wieder in die Liebe in meinem Herzen über. Ich verspürte einen Funken Wärme und innerliche Ruhe in mir, die sich langsam in meinem ganzen Körper ausbreitete, als ich in die Tiefe meines Seins hinabstieg, um mich mit meinem Zentrum, in dem die Liebe ruht, zu verbinden. Ich nahm jetzt in dieser Mitte meine innere göttliche Stimme wahr, die mir neue Lebenskraft und Mut verlieh, indem sie mir folgende Worte entgegen brachte: „Du hast den Weg zu mir gefunden, und die Mauern, die mich gefangen hielten, beiseite geräumt, auf dass ich dir wieder neues Leben einhauchen kann."

In mir brodelte es einem kleinen Erdbeben gleich, nachdem ich diese Botschaft vernommen hatte. Alsbald sah ich im gleichen Augenblick vom Himmel einen leuchtenden hellroten Strahl auf mich zukommen, der direkt vor meiner Nase in den schneebedeckten Boden wie Butter hineinströmte. Es ertönte im gleichen Augenblick in der Tiefe des Gesteins ein dumpfer Knall und die Erde unter mir bewegte sich wellenförmig nach oben und nach unten. Es kam in diesem Moment „etwas" aus der Tiefe der Erde heraus und tanzte schwebend um mich herum. Und so war es auch, denn trotz der äußerlichen Kälte, spürte ich plötzlich eine angenehme Wärme, die meinem Körper neues Leben einhauchte. Ich spürte wieder meine Gliedmaßen und war in der Lage meine Finger und Füße zu bewegen, mein Atem stabilisierte sich und mein Herz, das zuvor von einem innerlichen Energie-Strom wiederbelebt wurde, schlug wieder im gleichmäßigen Rhythmus. Meine zuvor noch tauben Ohren vernahmen nun wieder das Umfeld, ich hörte eine liebliche Stimme, die von sinnlicher Musik begleitet wurde. Einfühlsam und zärtlich umschloss mich diese wunderbare Stimme, die gesangsähnlich zu mir sprach: „Adrian erwache." Daraufhin richtete ich meinen Blick in die Richtung der Stimme. Leider konnte ich nicht richtig erkennen, wer zu mir sprach, es sah aus, als ob eine blau-weiß schimmernde Gestalt vor mir schwebte. Sie kam ganz nahe zu mir heran, beugte sich über mich und sprach: „Erlebe deinen Glauben, denn durch deinen tiefen Glauben hast du dieses Geschehnis überwunden, das über dich hereingebrochen war, gleich einem Sturm, der dich ins Dunkle schleuderte und fern vom Licht hielt. Aber nun hältst du wieder das Licht in deinen Händen. Halte es fest!" Ich schüttelte meinen Kopf, um klarer in mir zu werden und noch genauer zu erblicken, was sich vor mir befand. Aber bevor ich dieses richtig wahrnehmen konnte, löste sich die Gestalt auf und ein Teil wich wieder zurück in die Tiefe der Erde und ein Teil stieg wieder zurück in den Himmel, woher es einst kam. In diesem Augenblick war ich wiedergeboren, gerettet durch meinen Glauben, heimgekehrt in die Arme der wahren Liebe, die nicht nur meine innere Dunkelheit erhellte. Auch mein Umfeld wandelte sich in eine lebensfrohe, sonnenklare und friedliche Umgebung, die darauf wartete, neu von mir entdeckt und geliebt zu werden. Ich lebe wieder!

Die Eiszeit im Herzen ist vorbei. Auch wenn du dich in der dunkels-
ten Tiefe befindest, holt dich das Licht heraus, damit du wieder in der
Wärme des Lebens sein kannst.
Dieses Bild gibt dir wieder neue Hoffnung und den Glauben zurück.
Dein persönlicher Schutzengel wird dich niemals verlassen.

Jesus spricht weiter:

Eine negativ geladene Wolkenfront, die vor nichts halt machen wird, ist bereits da und wenn sie immer weiter ins Land getrieben wird, kann sie niemand mehr aufhalten. Sie reist dann von Norden nach Süden und von Osten nach Westen. Viel Geschrei wird sein und alle Menschen werden sich wundern, warum es auf einmal vielerorts kälter werden wird. Aber es geschieht anfangs unmerklich für viele Teile in der Welt, während es für andere Teile bereits spürbar sein wird. Dieses wird anfangs viele Unannehmlichkeiten mit sich bringen. Aber auch das wird von den meisten Teilen der Bevölkerung ignoriert. Doch dann kommt ein schmerzlicher Eingriff, der stark verwandeln wird und es wird so sein, dass viele Menschen nicht mehr in ihren bisherigen Wohnungen leben können, weil die äußeren Verhältnisse sich geändert haben und eine Fortführung der bisherigen Art zu leben, nicht mehr zulassen. Erst dann wird Protest laut und es werden überall Hilferufe von den Menschen ertönen. Doch jeder wird mit sich selbst beschäftigt sein.

Hier kommt das Verhalten ganz deutlich zum Tragen, das schon lange auf der Welt Einzug gehalten hat: Die Ignoranz gegenüber dem Leid der anderen. So hat dieses Verhalten lange Zeit schon bestanden gegenüber der Erde und gegenüber allen Kreaturen, die hier leben. Doch nun wird dieses immer stärker zu Tage treten und wird deutlich überall sichtbar sein. Doch jetzt erst wird es vielen bewusst werden und sie werden ihr eigenes Handeln darin wie in einem Spiegel sehen und erkennen. Wehmut über alles Vergangene wird sich breit machen. Man sehnt sich wieder nach der alten Zeit, in der vermeintlich alles besser und mehr in Ordnung war und niemand wird sich dafür zuständig erklären, dass er es vielleicht hätte sein können, der etwas hätte verhindern können.

Von allen Begriffen, die dem Menschen etwas bedeuten, ist es die Hoffnung, die das meiste ungesagte Potential in sich trägt!

Wer hofft, tut das oft im Stillen und für sich allein. Jeder erhofft für sich etwas anderes. Und oft ist es etwas, das der andere sich wiederum nie erhoffen würde, weil es ihn einfach nicht interessiert. Doch wie wäre es, wenn sich die Hoffnung auf alles erstrecken würde, was zur Gemeinschaftlichkeit zählt? Es ist die Hoffnung für die Gemeinschaftlichkeit des Menschen mit den gesamten Erdbewohnern, die es zu erreichen gilt. Aber wie sieht es hier mit den Gedanken aus, für die diese Hoffnung zuständig ist? Denn Hoffnung ohne zielgerichtete Gedanken, ist eine Leere, die nicht lebt und etwas was nicht lebt, kann auch nichts bewirken, kann nichts entstehen lassen. Ein Volk ohne Hoffnung hat sich schon immer von einem Volk einnehmen lassen, das voller Hoffnung und Vertrauen zu sich selbst seinen Weg ging.

Heute sieht es schlecht aus mit der Hoffnung. Es scheint für viele Menschen, als sei alles sowieso egal oder es sei bereits entschieden, wohin die Welt geht. Doch da redet ein jeder von seiner Welt. Der Einzelne glaubt bereits nicht mehr an seine

Welt die er - nach seinen Gedanken - erschaffen kann. Doch auch hierfür braucht er zumindest einen Funken Hoffnung, um seine Lebensvision in die Tat umsetzen zu können. Doch da der Einzelne in vielen Fällen bereits ohne Hoffnung ist, breitet es sich aus, wie ein böser Virus, der immer mehr Menschen befällt und somit die Infizierung mit der Hoffnungslosigkeit immer größer wird.

Ich aber sage euch: Solange ihr atmet, habt ihr noch Hoffnung, denn ihr lebt noch. Ihr träumt von Helden, die die Welt retten, ihr träumt, dass da jemand kommt, der euch befreit oder der sich für euch schlägt, so wie viele von euch geglaubt haben und es immer noch tun, dass auch ich ein Held sei, der sich hat für euch kreuzigen lassen. Warum seid ihr nicht euer eigener Held, eure eigene Heldin? Könnt ihr mir diese Frage beantworten? Denkt darüber nach. Es lohnt sich!

Es ist euch eingeredet worden, dass ihr Helden braucht, die sich für die Masse einsetzen. Warum, frage ich euch? Was wäre ein Krieg, ohne die Soldaten, die ihn ausführen auf einen Befehl eines einzelnen oder einzelner Befehlshaber hin? Ich sage euch: Ein jeder ist ein Held, der sich der Waffen entzieht und der sich weigert zu töten. Das Motiv dazu ist zwar verschiedenartig, doch keiner hat das Recht, das Töten oder die Schädigung eines anderen atmenden Wesens zu veranlassen. Wollt ihr in Frieden leben, so bringt euch zuerst diesen Frieden selbst. Wenn ihr in euch diesen Frieden verankert habt, wird er sich weiter nach außen verbreiten.

Ich habe euch die Gewaltlosigkeit entgegengebracht. Das heißt aber nicht, dass ich ohne alle menschlichen Emotionen war, denn auch ich habe eine eigenständige Persönlichkeit gelebt. Gewalt heißt für mich, ein anderes Wesen vorsätzlich zu schädigen, ihm also Gewalt anzutun. Wenn ihr gegen einen Bruder oder gegen eine Schwester Groll hegt, so sprecht diesen aus. Gebt dem anderen Menschen Gelegenheit, mit euch darüber zu sprechen - will er das nicht, so dreht euch um und geht euren Weg. Haltet den Groll aber nicht als ein Gefühl in euch fest, sondern gebt ihm Ausdruck und lasst ihn dann in Frieden los.

Ich kam, um euch dabei zu helfen, euch an die ursprüngliche göttliche Kindheit eurer Seele zu erinnern, damit ihr wiederfindet, was ihr verloren habt. Dieses verlorene Gut ist unersetzlich und muss wiedergefunden werden, damit ihr vollständig sein könnt.

Lasst es nicht zu, dass die Dunkelheit euch übermannt, und damit meine ich das Wegsehen, die Ignoranz, den tollwütigen Zustand auf der Erde. Ja, für mich ist es die Tollwut, die hier tobt und ihre Spuren der Wut und des Hasses überall verspritzt. Nur dort, wo sie die Überhand gewonnen hat, ist es zu spät für Sanierungsarbeit. Ihr könnt nur etwas sanieren, was noch nicht vollständig zerstört ist. Ist erst einmal keine Bausubstanz mehr da, kann ein Haus nicht mehr aufgebaut werden, dann ist es definitiv zu spät. Und zu jedem einzelnen von euch sage ich erneut: Wehrt euch gegen die Übergriffe der dunklen Seite, die euch einflüstert, es sei ein Kampf notwendig, um eure Freiheit zu sichern.

Versetzt euch in zwei unvorstellbar große Wesenheiten hinein, am besten in Drachen, die gegeneinander gekämpft haben. Da ist zum einen der dunkle und zum anderen der helle Drache. Der Helle sagt: „Ich habe mein Schwert gegen den Lichtstab getauscht, ich werde nicht mehr gegen dich mit deinen Mitteln kämpfen. Aber ich gehe meinen Weg und wenn ich dich berühre, weil du nicht weggehst, wirst du von mir annehmen und du wirst schwächer werden. Ich gehe jetzt meinen Weg zurück zu Gott in die Alleinheit. Du kannst dich selbst entscheiden, ob du den Weg auf deine Art und Weise weitergehen willst, oder ob du dich doch von mir freiwillig berühren lässt. So kannst du die Umwandlung erleben und auch du kannst zurück zu Gott gehen. Aber das ist deine Sache ganz allein. Jedenfalls wird es keinen Kampf mehr zwischen uns geben, denn dann bin ich auf demselben Weg wie du, dem Weg der Verblendung."

Es gibt keine Freiheit, außer eurer ganz persönlichen Freiheit in euch selbst. Niemand kann eure Seele daran hindern, zu ihrem Ursprung zurückzukehren. Das ist die einzige wahre Freiheit, die ihr habt. Alles andere, das gesamte irdische Leben lang, seid ihr einer äußeren Form unterworfen. Und es ist so, dass ihr euch damit zufrieden gebt oder ihr rebelliert dagegen. Sie ist da und sie wirkt. Aber wenn ihr euch bewusst seid, dass eure Seele frei ist, könnt ihr anders damit umgehen, ihr setzt eine andere Priorität.

Und wenn ihr so lebt, dass ihr am Ende eures Lebens frei sagen könnt:

„Ich habe niemanden geschädigt oder Schmerzen zugefügt", so ist das bereits ein großes Plus!

Und wenn ihr dann noch sagen könnt:

„Ich habe mit meinem Leben zum Gemeinwohl meiner Umwelt beigetragen", ist es fast perfekt!

Und wenn ihr dann noch sagen könnt:

„Mit meinem Leben habe ich zum geistigen Wachstum der Menschheit beigetragen", ist das perfekt!

Und wenn ihr dann noch weiter sagen könnt:

„Ich habe über Erkenntnisse mein Karma abgetragen", so ist das optimal!

Das Leben ist einfach, so wie auch die göttliche Lehre einfach ist! Aber in diesen Zeiten der großen Hoffnungslosigkeit und Ratlosigkeit, einer Zeit, in der vieles, was vorher als gesellschaftlicher Halt gegolten hat, auseinander bricht, irren viele Menschen orientierungslos herum. Sie suchen Halt bei anderen, die vorgeben, mehr zu wissen als sie selbst.

Gaukler, Scharlatane, falsche Propheten, eigennützige Gurus sind jetzt unter euch. Sie locken euch mit ihren Angeboten. Sie haben alle etwas Gemeinsames: Sie geben vor, dass euch nur mit ihren eigenen geistigen Gaben zu helfen sei - doch sie machen euch erneut abhängig. Vor allem hütet euch vor denen, die euch sagen, sie erledigen etwas für euch, was mit einer anderen Person zu tun hat, aber gegen den freien Willen dieser Person gerichtet ist. Alles, was euch abhängig macht, meidet. Alles, was euch als liebevolle Hilfe zur Selbsthilfe angeboten wird, solltet ihr dennoch vorab überprüfen, ehe ihr annehmt. Aber achtet auch hier darauf, dass ihr in euch frei bleibt.

Der göttliche Thron ist in euch, ihr könnt euch in euch selbst ausruhen und ihr werdet dann aus euch selbst heraus Hilfe erhalten und die Kraft bekommen, die euch weiterführt!

„ Der Schein der Verblendung „

Ihr kennt doch den Ausdruck „Wenn alle Stricke von meinem Plan A reißen, dann greife ich eben auf meinen Plan B im Notfall zurück!" Daran haltet ihr euch fest. Für viele von euch bin ich Plan B und ich soll dann für euch die Kastanien aus dem Feuer holen. Aber ich sage euch hier und jetzt ganz deutlich: Es gibt für alles ein letztes Mal, eine letzte Chance. So ist es auch mit eurem Schicksal. Nach dem letzten Strick, der euch über die göttliche Gnade gereicht wurde und der da heißt „Endgültiger Ausgleich", wird nichts mehr kommen, was euch vor dem Sturz in das Unbekannte bewahren kann.

Was glaubt ihr, ist dieses Unbekannte? Stellt es euch vor wie ein riesiges dunkles Loch, um das herum Nebel tanzen. Diese Nebel sind undurchsichtig und ihr könnt nicht sehen, wenn das schwarze Loch kommen wird. All diese Nebel sind Täuschungen und Illusionen, wie sie euch tausendfach angeboten werden in eurer sichtbaren Welt, in der ihr gerade lebt. Ihr glaubt, alles ist so, wie es sich darstellt. Doch bereits bei der Darstellung beginnt es sich zu vermischen. Das eine Auge nimmt es anders wahr als das andere. Zuletzt glaubt jeder zu wissen, was um ihn herum vor sich geht. Aber geht es wirklich so vor sich, was ihr wahrnehmt?

Jemand, der ein Flugzeug kennt, weiß was es ist, aber jemand der es nicht kennt, weiß nicht, was dort oben am Himmel sich bewegt. Er kann es hören, sehen und vielleicht auch das Abgas riechen, aber er weiß nicht, was genau das ist. Er ist ratlos, nimmt es hin und in sich ist er unsicher, weil er es nicht in das, was er bereits kennt, einordnen kann. Schon allein eine Beschreibung von einem Gegenstand, den ihr nicht selbst gesehen habt, bereitet euch einige Schwierigkeiten. Denn ihr müsst wissen, der Mensch ist wie ein Tierwesen ausgerichtet auf seine Sinne: Hören, tasten, schmecken, sehen und riechen. Wenn er diese bei einem Fremdgegenstand benutzen kann, ist er in der Lage, sich von dem, was er vor sich hat, ein Bild zu machen. Viele können sich zwar bildlich etwas vorstellen, aber es ist dann so, dass sie im Grunde ihres Wesens nicht so recht daran glauben können, dass es existiert, obwohl viele Menschen davon berichtet haben.

Viele von euch glauben, Ufos gesehen zu haben, Raumschiffe von Außerirdischen Wesen, doch da sie es nicht selbst betasten konnten, bleibt die Wahrheit verborgen für diejenigen, die es so gesehen haben, und für diejenigen, denen sie davon erzählten. Aber diejenigen, die selbst einen unmittelbaren Kontakt damit hatten, sind die einzigen, die daran glauben, weil sie es selbst erfahren haben. So ist das mit den Menschen. Es zählt also nur eines vordergründig und das ist die persönliche Erfahrung. Solange ihr nur zulasst, dass eure Fünf Sinne allein euer Weltbild liefern, könnt ihr Täuschungen unterliegen. Denn diese Sinne sind auf die sichtbare Welt ausgerichtet. Ihr habt sie erhalten, damit ihr euch hier orientieren könnt und nicht ausgeliefert seid. Eure Welt scheint nur so zu sein, wie ihr sie selbst seht und wahrnehmt. Soviel über das, was ihr glaubt zu sehen!

Ihr seid in diesen irdischen Täuschungsnebeln zeit eures Erdenlebens mitten drin. Deshalb sind viele kurzsichtig geworden. Ihr seht nur das was der Nebel erlaubt. Euer menschlicher Verstand, der sich darauf programmiert hat, den Nebel zu kontrollieren, lebt mit der Kurzsicht, wie er glaubt, ganz gut. Es geht darum: Wie viel erreiche ich in meinem Leben an Zielen, die ich mir gesetzt habe? Diese Ziele sind oft rein materieller Natur. Man misst sich an dem, was erreicht wird. Der Sinn des Lebens wird hier auf einem anderen Pfad gesucht: Materieller Erfolg gegen geistiges Reifen - doch ihr seid Seelen-Kinder und nicht Kinder-Seelen. Ihr seid vollverantwortlich für all euer Handeln und eure Gedanken, die ihr aussendet. Kontrolliert eure Gedanken, korrigiert sie sofort, wenn ihr euch dabei ertappt, das sie unguten Ursprungs sind - wozu ich z.B. Wut, Zorn, Hass, Grausamkeit, Rachsucht, Schadenfreude am Leid des anderen zähle - und neutralisiert sie an Ort und Stelle, ehe sie Schaden anrichten können. Glaubt nicht, dass der eine von euch „etwas" verdient hat, was ihm geschieht, sondern gebt euer Empfinden darüber in Gottes Hand. Und dann lasst ab.

Mir geht es um jeden einzelnen von euch, also fangt endlich an, euch auf eure Mitte zu besinnen. Macht euch stets bewusst, dass unser aller Vater reine Liebe ist und somit neutral jedem gegenübersteht. Doch wie ich schon sagte: Es geht jetzt um den persönlichen Ausgleich. Da ist die Ehrlichkeit zu sich selbst und seinem Nächsten. Wie schwer fällt es euch doch, ehrlich zu sein und vor allem ehrlich zu leben?

Ehrlich leben heißt, die Echtheit eurer Persönlichkeit zu zeigen!

Stellt euch vor, ihr habt einen Menschen in eurer Nähe, der euch einen Lebensstil aufzwingt, der eurer in euch innewohnenden Natur ganz und gar nicht entspricht. Ihr beugt euch aber, jedenfalls gebt ihr diesen Anschein nach außen ab. Solange ihr das tut, weiß der andere nichts davon und wird so auch nicht mit euren echten Seiten konfrontiert. Äußerlich gebt ihr einen Schein ab, aber innerlich ist euer wahres Ich, das ihr in solchen Momenten zähmt und zurückhaltet, fürchterlich aufgebracht. Es fletscht die Zähne wie ein wildes Tier oder es weint und zieht sich zurück wie ein kleines Kind oder es resigniert und gibt auf. Und so täuscht ihr euren Gegenüber mit eurem Verhalten. Wenn ihr aber nach außen sofort zeigt, was ihr innen fühlt und diese Wahrheit aussprecht, kann der andere erkennen, dass ihr nicht toleriert, wie er sich euch gegenüber verhält. Und nun erst habt ihr eine Grundlage geschaffen, das Problem in gegenseitigem Verständnis und Achtung zu lösen.

Auch hier merkt euch: Täuschung und Selbsttäuschung sind verwandt mit dem Nebel, der das Auge täuscht. Habt den Mut, euch mit gegenseitigem Respekt und Achtung die Wahrheit über euch und eure Sichtweise zu sagen. Lebt nicht mehr scheinheilig nebeneinander her! Habt keine Angst vor dem Resultat, das ihr damit erwirkt.

Was glaubt ihr, bringt es euch, wenn ihr euch selbst belügt, und euch etwas vormacht, wenn es unangenehm wird?

Stellt euch vor, ihr lebt in einer riesigen dunklen Grube, oben scheint schwach das Sonnenlicht herein. Plötzlich erscheint ein riesiges Seil, das heruntergereicht wird und euer Name wird aufgerufen. Ihr könnt es erfassen und werdet hinaufgezogen. Ihr steht wieder auf festem Boden im Licht, seid wieder mitten im Leben. Ihr seid frei. So könnt ihr euch den persönlichen Ausgleich vorstellen. Doch was ist, wenn kein Strick mehr heruntergereicht wird? Und wie seid ihr in die dunkle Grube gekommen? Ich gebe euch hier die Antwort, weil ich euch liebe und es mir so sehr wünsche, dass niemals mehr auch nur einer von euch in diese Grube fallen wird: Die Tore der Unkenntnis liegen davor! Darum bemüht euch zu Lebzeiten mit vollem Einsatz darum, dass ihr das Tor zur Erkenntnis finden werdet. Ihr findet es mit Licht und Liebe in eurem Herzen. Rüstet euer Herz aus mit allem, was es braucht, um den Pfad zu finden. Sagt eurem Verstand, dass er sich unter die Führung des göttlichen Willens ganz bewusst stellen soll, damit ihr euch nicht immer wieder verirrt.

Es wird hier auf der irdischen Ebene mit Tarnung gearbeitet. Was wird getarnt? Ich sage es euch: Die Fallgruben! Da ihr niemals im Voraus genau wisst, wann der Schulunterricht auf der Erde für euch zu Ende ist, wann das Klingelzeichen für „Der Unterricht ist aus" ertönt, handelt jede Minute so, als ob es die letzte wäre. Es geht darum, dass ihr dazu jederzeit bereit seid, ohne mit Angst an das Ende eures Lebens zu denken.

Tut immer alles was zu tun ist, aus eurem Herzen heraus. Dann liegt ihr richtig! Dann fühlt ihr euch frei und auch sicher. Das ist im Übrigen die einzige Sicherheit, die existiert. In euch und mit euch seid ihr in Sicherheit. Deshalb seid euch wichtig, habt euch lieb und gebt die Liebe weiter an euren Nächsten. Lebt jeden Augenblick eures Lebens bewusst und verantwortlich. Ihr allein habt die Verantwortung für euer Leben, für alles was euch widerfährt. Ihr erhaltet alles zurück, was ihr zuvor gegeben habt. Nur die Zeit hält es auseinander, sie ist nicht berechenbar. Haltet euch nicht auf mit Wertungen und Bewertungen. Das ist gleichzustellen mit Urteil und Verurteilung. Liebt die Gegenwart eures Lebens, jeder einzelne Augenblick ist unwahrscheinlich wertvoll. Was bringt es euch, wenn ihr diese wertvolle Zeit vergeudet mit Grübeln, Ärger, Streit und Sorgen? Benutzt jede Sekunde freudig und gebt dieser Freude einen sichtbaren Ausdruck. Das ist Schöpfung. Ihr gebt eure Schöpferkraft in einen Kreislauf, der immer neue Freude bringt, anstelle einen Haufen Schrott und Müll - der aus Sorgensteinen gebaut wurde - zu hinterlassen.

Schaut euch immer selbst in die Seelenaugen, haltet ein mit der Alltagshast und fragt euch: Ist das, dem ich jetzt gerade hinterherlaufe, es wirklich wert, dass ich meine Lebenszeit dafür hingebe?

Ist euer Blick noch klar oder bereits getrübt? Habt ihr noch Freude am Leben? Wenn nicht, ändert es schnellstens und geht in eine andere Richtung. Alles Materielle, nach dem ihr eifrig strebt, ist vergänglich. Hütet euch davor, dass dieses vergängliche das einzige Wichtige in eurem Leben ist, denn dann steht ihr am Ende als geistig verarmter Bettler da. So kommt ihr mit leeren Händen beim Vater an und seid betrübt, dass ihr ihm nichts mitgebracht habt. Genießt euer Leben hier, aber achtet auf gegenseitiges erfüllendes Geben und Annehmen. Hortet nicht eure irdischen Schätze und bewacht sie eifersüchtig, denn der Geizige ist arm im Herzen. Er vergeudet seine Zeit mit selbstsüchtiger Kontrolle, damit ihm niemand etwas stehlen kann. Überschreitet er jedoch das irdische Tor hinüber in die geistige Welt - was jedem bevorsteht -, wird er fühlen, dass er zeitlebens auf einem Aschenberg saß, der letztendlich zusammen gefallen ist. Es bleibt nichts übrig, was er mitnehmen kann. Die Asche zerstreut sich im Wind der Vergänglichkeit. Er hat so umsonst gelebt, hat vergessen, geistige Schätze zu horten. Hätte er dies nicht vergessen, wäre er reich beladen nach Hause gekommen, und der Vater hätte ein Fest gegeben, so groß wäre die Freude gewesen.

Hierzu das Gleichnis vom Prinzip der Funktion eines Bienenstockes:

Göttliche Bienen befruchten und erhalten gleichzeitig Schätze, die sie dann zum Bienenstock zurückbringen, sammeln und aufbereiten und für alle gemeinsam aufbewahren. Sie sorgen gemeinsam für das Wohl und den Fortbestand des gesamten Bienenvolkes. So gibt es auch Zusammenführungen von Seelen, die wie diese Bienen auf der Erde eine gemeinsame Aufgabe haben.

Eure Taten sind eure Früchte. Es liegt an euch, wie reif ihr sie erntet!

Ihr verbringt zuviel Zeit damit, danach zu trachten, dass jeder von euch mehr wert ist als der andere. Ihr messt euch nach dem äußeren Schein. Dafür seid ihr bereit, vieles zu leisten, auch, wenn es über eure Kräfte geht. Hauptsache ihr steht gut da vor den anderen. Aber ich frage euch: Was bringt es für euer Seelenheil? Arbeitet daran, dass ihr das Zentrum eures Lebens, den Herzensschrein, voller Licht gestaltet. Kümmert euch um Sauberkeit und Licht, sorgt dafür, dass dieser Tempel offen ist und einlädt, hier zu verweilen. So seid ihr in euch rein. Hierfür seine Zeit zu verwenden, bringt euch reichen und unvergänglichen Segen.

„ Die Zeit der Prüfungen „

Ich werde erneut zu euch sprechen, wenn die Zeit dafür reif ist. Und ich werde mich euch zeigen, damit ihr nicht in die Irre gehen werdet. Aber dennoch muss es aus euch selbst heraus geschehen, dass ihr mich sucht und dass ihr den Weg zu mir findet. Bedenket, es gibt viele Ufer, an die ihr gehen könnt, aber achtet darauf, dass ihr dort das vorfindet, was euch wirklich entspricht. Von allen Irrtümern, die der Mensch in all den Jahren seiner Existenz unterlag, war es der fatalste, der aussagte, Gott existiere nicht! Denn so hat er sich seine eigene Machtposition innerhalb selbst erschaffener Mächte gegeben. Aus dieser Position konnte er sich bis heute nicht mehr gänzlich befreien. Denn was er sich so geschaffen hat, will er nicht mehr aufgeben, ohne sein Gesicht zu verlieren. Was ist ein Herrscher, der von seinen Symbolen der eigenen Macht abweicht? Dieser Herrscher ist unglaubwürdig geworden und seine Macht gegenüber seinen Untertanen schwindet.

Ich habe euch immer gesagt, der göttliche Vater ist in euch selbst präsent. Das Himmelreich ist inmitten von euch!

Doch was der Mensch nicht sehen kann, liegt außerhalb seiner bewussten Wahrnehmung. Und so werden Symbole wie z.B. Gotteshäuser geschaffen, damit er sich an dem sichtbaren Symbol der göttlichen Macht festhalten kann. Aber damit wurde bereits aus eurer Mitte heraus das heilige Gut nach außen verlagert. Die wahre Macht habt ihr somit nach außen abgegeben. Wenn ihr euch aber versammelt, um gemeinsam um etwas zu bitten, wie z.B. um den gemeinsamen Frieden miteinander, so tut ihr ein gutes Werk, dass euch allen gleichermaßen von Nutzen ist.

Wenn der göttliche Kern umgewandelt ist oder sogar gegen den Ersatz der dunklen Seite ausgetauscht wurde, der da heißt, Habgier, Hass, Schuldzuweisungen, Intoleranter Egoismus, Grausamkeit, Umbarmherzigkeit, sieht es schlecht aus für euch. Denn die Zeit jetzt ist eine Zeit der Prüfung für das gesamte Menschengeschlecht! Wohin wird die Menschheit sich entwickeln? Das ist die Frage, für die eine Antwort noch gefunden werden wird!

Sollte die Antwort heißen:

„Wir entwickeln uns auf die Grundidee Gottes „den Garten Eden" zu, was bedeutet, gemeinschaftliche Manifestation der Liebe und der Fürsorglichkeit, ist das die Rettung für viele von euch. Das würde bedeuten, ihr stimmt für die Gemeinschaftlichkeit, die gegenseitige Fürsorge, Unterstützung eures Nächsten, wenn er strauchelt und ihn dabei zurückzuführen auf den rechten Weg der göttlichen Liebe in sich selbst.

Doch der freie Wille zählt von Anbeginn der Schöpfung für euch. Ihr entscheidet selbst, wohin ihr geht!

Aber was ist, wenn die Antwort heißt:

Wir setzen es fort, gegeneinander unsere eigenen Interessen rücksichtslos durchzuführen...! Ich sage euch: Das wird das Ende sein für viele von euch, aber ihr bestimmt dies selbst! Denkt daran!

Am Ende aller Tage wird es Nacht sein und die Sterne fallen vom Himmel, da wird kein Licht mehr sein, das euch leuchtet. Von allen Zeiten die waren, ist es die schlimmste Zeit, die noch vor euch liegt. Noch könntet ihr es ändern, noch sind von uns viele hier, um euch zu stützen und aufzuklären. Doch das Versprechen, das wir an euch gaben, war an eine bestimmte Zeit gebunden und die Frist wird bald überschritten sein. Eine erneute Verlängerung ist nicht mehr in Sicht. Es gibt allerdings Veränderungen, die sich anbahnen und mit diesen neuen Bestimmungen wird der Bund mit euch fortgesetzt. Aber viele von euch werden dann nicht mehr miteingebunden sein, weil sie es so erleben, wie sie es wollten.

Ein Brunnenzwerg ist dort am Boden des Brunnens, tief unten, unter der Erdoberfläche der Mächtigste, wenn er dort allein ist. Die Macht kann nur dort ausgelebt werden wo sie die höchste Hierarchie darstellt. Oben an der Oberfläche ist dieser Zwerg nicht einmal in der Lage, sich frei zu behaupten. So verhält es sich mit allem, was da lebt und mit jedem Lebensraum.

Räume bedingen sich gegenseitig und nehmen sich ein, weil kein Raum für sich allein existieren kann. Ein Raum für sich allein kann nicht existieren, weil er die Grenzen zu anderen Räumen braucht, um sich herauszuheben. Der Lebensraum der Menschen existiert auch nicht für sich allein. Würde er aber allein dastehen, weil die Nebenräume zerstört sind, wird er in sich zusammenfallen wie ein schlapper Ballon ohne Inhalt. Und ist der Ballon erst einmal zusammengefallen, kann er nicht mehr aufgeblasen werden, weil der Inhalt fehlt. Und dieser Inhalt wurde vom All-Geist als ein wundersames Geschenk an die Menschheit übergeben.

Oh, wäre sie doch nicht so blind, könnte sie sehen, wohin sie steuert. Sie würde vor Schreck gelähmt sein oder zur Salzsäule erstarren.

Ein grausamer Sturm nähert sich. Er wirbelt unzählige Teufeleinheiten vor sich her, die nichts als Zerstörung kennen. Doch der Mensch hat sie gerufen, hat ihnen Signale gesendet und sie lassen sich nicht lange bitten.

Aufhalten kann sie nur einer, der reinen Herzens ist und der sich mutig vor dieses Heer stellt, um ihnen Einhalt zu gebieten. Doch dieser eine, der nicht als Person gemeint ist, sondern als die Einheit des Lichtes auf der Erde, ist noch nicht aufgefordert worden, dies zu tun. Und solange das nicht geschehen ist, wird es sich nicht in Gang setzen. Worauf wartet ihr noch, frage ich euch? Wann werdet ihr beginnen, geschlossen um Hilfe zu bitten?

Werft euch auf die Knie und ruft ihn, den einen Allmächtigen, bittet ihn um sein Heer, er wird es senden. Aber ihr Kleingläubigen habt es noch nicht begriffen, um was es sich handelt. Ihr glaubt immer noch, es genüge, wenn ihr euch hinter ein weltliches Oberhaupt stellt, das die Fäden vermeintlich in den Händen hält.

Ihr glaubt, einer allein könne nichts bewirken. So ist es auch! Denn, wenn nur einer um das Heer des Lichtes bittet, wird das zu wenig sein. Doch jedem geschehe nach seinem freien Willen. So bittet der Eine, der Andere nicht. Es besteht keine Einigkeit unter euch, jeder bezichtigt den anderen, und ihr gönnt es dem anderen nicht, dass das Heer für ihn kämpft. Manche von euch werden auch sagen, es gäbe kein einheitliches Heer des Lichtes und auch kein Heer der Dunkelheit.

Ihr streitet euch um die vermeintlichen Anführer und darum, wen ihr rufen sollt. Ihr könnt euch auf keine einheitliche Anrufung einigen, ihr seid zerstritten und uneinig in euch selbst. Doch das Heer der Finsternis ist sich einig im Angriff auf die Erde. Es wird sein Ziel verfolgen, solange bis es wirklich gestoppt wurde oder es sein Ziel erreicht hat.

Ich sage es euch ganz deutlich: „Einigt euch und ruft gemeinsam um Hilfe und sie wird kommen!"

Ihr aber, die ihr jetzt schon vereinzelt um Hilfe ruft, betrachtet euch als getarnte Helfer im Untergrund, denn nur so kann es sein. Kämpft nicht gegen die Finsternis im offenen

Kampf, ihr seid allein, weil die einheitliche Anforderung fehlt. So wird es doch noch Hilfe geben untereinander, aber ihr sollt nicht kämpfen, sondern ihr sollt euch als Sammelstelle bekannt geben und dort werdet ihr gefunden werden. Denkt nicht darüber nach, seid bereit und werdet nicht müde, die Aufklärung weiter voran zu treiben, aber geht kein Risiko ein. Ermuntert eure Mitmenschen, sich zu einigen und somit zu erkennen, dass es nur einen allmächtigen göttlichen Geist gibt, der über allem steht.

Wartet nicht, bis es zu spät ist, etwas verändern zu können!

Ich liebe euch!

„ Abschlusswort von Maria Magdalena „

Ich wünsche mir von Herzen für euch alle, die ihr dieses Buch gelesen habt, dass die Türe zu eurem göttlichen Selbst wieder weit geöffnet wurde und ihr so in euch wieder Eins mit Gott seid. Ein neues Leben in persönlicher Freiheit will sich euch schenken im Hier und Jetzt! Wisst ihr jetzt, was das bedeutet? Wenn ihr euch den Worten von Jesus ganz geöffnet habt, wisst ihr es ganz sicher!

Auch wünsche ich mir, dass ihr weitertragt, was ihr gelesen habt. Informiert die Menschen, die euch am Herzen liegen, darüber, dass es dieses Buch gibt. Die Botschaften, die ihr gerade gelesen habt, wollen euch ein zuverlässiger Lebensbegleiter sein und nicht als ein Buch behandelt werden, das man liest und wieder weglegt.

Seid euch bewusst, dass ihr Berge versetzen könnt, wenn ihr es miteinander gemeinsam beginnt und auch beendet!

FRIEDE SEI MIT EUCH

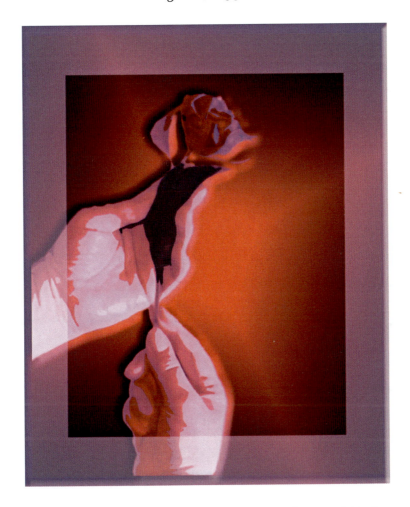

Bei der intensiven stillen Betrachtung dieses Bildes, wird dir die Möglichkeit gegeben, den inneren Frieden und die Versöhnung mit dir selbst frei zu setzen. Die ganzheitliche Harmonie wird somit wieder hergestellt und kann dann letztendlich die Heilung von Körper, Seele und Geist bewirken.

Auf dass ich die Dunkelheit in mir besiege,
und das Ende aller Kriege
in naher Zukunft liegt,
so dass ich wieder den Frieden in mir lebe,
und nicht mehr blind meinen Weg
des Lebens geh,
sondern die Farben der Freude
in mir vernehme,
und das Gefühl der Wärme
in meinem Herzen
sich über alles verströmt,
was sich um mich befindet,
so dass mein Licht und meine Liebe
ewig leben und anderen das Glück
des Lebens wiedergeben.

Sejabri

Weitere Informationen über die Bilder und Gedichte
von Sejabri

Es gibt Kunstwerke, seien es Gemälde, Lieder oder Gedichte, die eingegeben wurden aus der Welt des schöpferischen Geistes. Die geistige Welt liebt die lichte, spirituelle Kunst und Sejabri ist ein sensitiver Künstler, der mit dieser direkt verbunden ist. Er empfängt direkte Inspirationen aus der Welt der Seele und setzt sie auf eine beeindruckende Art und Weise um.

Seine Bilder und Gedichte leuchten gezielt in das Herzzentrum hinein, so dass bereits beim Betrachten und dem Lesen seiner Worte intuitives verschlüsseltes Wissen freigesetzt wird und Heilung, aber auch persönliches geistiges Wachstum daraufhin erfolgen kann. Jedes einzelne Bild löst Barrieren auf, die vom fehlgeleiteten Ego aufgestellt wurden wider die göttliche Weisheit. Wer ein solches Bild besitzt, kann sich glücklich schätzen.

Es besteht die Möglichkeit, über unseren Bestell-Service alle im Buch aufgeführten Bilder zu erwerben, sowie Infos über die Gesamtwerke zu erhalten. Alle Bilder, die sie hier sehen, erhalten erst ihre volle Ausdruckskraft und ihre Farbintensivität im Original. Jedes Bild hat seine tiefe Bedeutung und lebt wahrhaftig. Erleben sie es selbst!